被災と避難の社会学

関礼子 編著

東信堂

はじめに

メモ書きされた何枚かの写真がある。がれきの海に乗り上げた船に、海に潜ったバス。魚と潮のにおい。根こそぎ流された松林。行方不明者の捜索が続いている。そして、「後方は火発（火力発電所）です。当日母子10組がこの公園でピクニック中、津波にあいました。火発の方に上にあがるよう先導され、命からがら一夜をあかしました。自分の車が流されるのを上から見ていました」。そのとき、ここには生と死が隣り合わせにあった。

被災地の惨状を伝える写真は、東日本大震災から間もない2011年4月消印で投函された封筒に入っていた。手紙が添えられていた。

> 「無尽蔵の大災害もやがてテレビ等での報道も少なくなって全国的には関心も薄れてくると思います」。（関編 2013：30）

写真　津波被害の状況を伝える写真とメモ

（注）根本正德氏提供、撮影地は福島県相馬市
（出典）関編 2013：31

東日本大震災の発生からわずか1か月で、被災地への関心が薄れ、あるいは忘れられていくことが予期されている。どんなに驚愕し、公憤を抱き、感情を揺るがした出来事であっても、ほどなく人々は忘れてしまう。置き去りにされた被災者（被害者）だけが、それぞれの「終わらない被災の時間」（成

ほか 2015）を生きていることなど気に留めることもない。

いや、そうではない。忘却させまいと、東日本大震災の記録をアーカイブする動きがあるではないか。博物館や資料館などで震災の展示が行われるではないか。東日本大震災を記録し、考察し、関心を持ち続ける人々が、書棚にあふれるくらいの本——本書もその 1 冊だが——を書いているではないか。それなのに、なぜ、震災の経験が忘却されることがあろうか。

この問いに対しては、いくつか異なる説明が可能であろう。モノやコトが超高速で更新される現代社会では、博物館など「社会における記憶の保存装置、いわば社会というコンピュータのハードディスク」の容量が増大しており、忘れてはいけないという「ジレンマを解決する装置」としても機能する（小川 2002：62-63）。だからこの社会は、記憶をハードディスクに預けて、出来事を安心して日常から切り離すことができる「礼儀正しい残酷さ」を持ち合わせている（関 2012：69）。あるいは、震災経験という情報を消費するだけで終わってしまい、ベンヤミンが「経験の貧困」と呼んだ、経験に意味を見い出せない現代の貧困があるのかもしれない（Benjamin 1933 = 1969）。他者の経験に気を向け続けるほどの余裕が、この社会から失われていることがあるのかもしれない。

しかし、忘れても災害はやってくる。時を変え、場所を変えて、繰り返し襲いかかる。戦後に限ってみても、日本は伊勢湾台風（1959 年）やチリ津波（1960 年）、阪神・淡路大震災（1995 年）、三宅島噴火（2000 年）、新潟県中越地震（2004 年）など、多くの災害にみまわれてきた。

筆者自身、東日本大震災の調査で、災害多発国であることを実感したことがある。原子力発電所事故で全町避難したある町の応急仮設住宅（250 戸）でのことである。そこで出会ったある男性は、阪神・淡路大震災で被災後、「住みよい町」と移住を勧められて転居した地で東日本大震災にみまわれた。別の男性は、飲食店を経営していた三宅島で全島避難を経験し、ラーメン店を再建した新しい町で再び避難を余儀なくされた。

東日本大震災後もさらに、御嶽山の噴火（2014 年）、熊本地震（2016 年）など、災害は続いている。繰り返す災害のなかで、東日本大震災はどのように位置づけられるのか。本書第1章「災害をめぐる『時間』」では、災害と復興の「時間」に着目し、災害を通してみえてくる危機の相貌について考えるとともに、個々人への「暴力装置」に転化しない復興のあり方を捉えていく導入としたい。

災害は同じ場所に繰り返し発生することも多い。東日本大震災で津波被災した三陸は、明治三陸津波、昭和三陸津波、チリ津波と、過去に津波の襲来を受け、そのたびに復興を遂げてきた。「災害史から見える東日本大震災」（第2章）では、繰り返し被災した三陸沿岸部の空間と時間の観点から、地域社会の特性をふまえた復興の必要性が描き出される。また、津波被災地の防災対策の中心として高台移転が行われてきた歴史を振り返りながら、東日本大震災における高台移転の問題が位置づけられる。

「"住まい"と"暮らし"のコミュニティ再編をめぐって」（第3章）は、宮城県石巻市の高台移転の事例から、螺旋的に変化しながら続く「生活の時間」と直線的に進んでいく「制度の時間」とのズレがコミュニティの再編を促していることを論じ、人びとの選択可能性や主体性を阻むことのない"住まい"と"暮らし"の再建プロセスの必要性を論じる。

東日本大震災は原発事故というかつてない特異な災害をもたらし、住民と自治体が広域避難しただけでなく、広大な放射能汚染地を生み出した。「原発事故避難をめぐる"復興"と"再生"の時間」（第4章）では、原発事故避難と避難者受け入れの事例から、災害時コミュニティの形成と個々の生活再建にむけたプロセスについて考察する。

原発事故による放射能汚染は、環境のみならず身体にも重大な影響を与える懸念がある。福島原発被害弁護団による福島原発事故避難者訴訟（2012年提訴）やいわき市民訴訟（2013年提訴）の原告団が「日本の歴史上 最大の公害」という横断幕を広げるように、原発事故は公害問題である。汚染の広域性と心身への深刻な影響に対する加害を告発する裁判やADR（裁判外紛争解決手続）が各地で行われている。「原子力損害賠償紛争解決にみる避難者の『被害』」（第5章）は、避難の遅れから高い初期被曝が推計された飯舘村住民たちが、集団でADRを訴えてきた状況を論じる。

飯舘村の住民が避難を躊躇している間も、事故直後から多くの避難者を受け入れてきた新潟県は、新潟水俣病という公害の経験がある。新潟中越沖地震（2007年）では、東京電力の柏崎刈羽原発で火災事故も発生していた。「新潟県における福島第一原発事故避難者の現状と課題」（第6章）は、「新潟避難ママの会」という避難者交流グループから、それぞれの避難者が原発事故後の生活をどのように選び取ろうとしているのかを考察する。また、「故郷喪失から故郷剥奪の被害論へ」（第7章）では、避難後に帰還を断念した被害者が他所で住宅再建を進めるなかで、避難元の自治体が原発事故対応の開発経済に依拠していく状況をみていく。

最後に、「住民運動」の担い手からの声として、原発事故問題を保守・革新という二項対立から救い出していく必要性と可能性について論じた「誰にも反対できない課題」（第8章）をおいた。

東日本大震災後の被災地・被災者は、現在進行形でさまざまな問題を抱え、問題に向き合わざるを得ない。本書は、被災からはじまった「制度の時間」と「生活の時間」のズレがもたらす諸問題に向き合う。災害と復興の時間タイムスパンは長い。だが、「支配するものは忘れない。常に忘れさるのは支配される民衆、我々の側の方なのである」（久田 1995:568）。だからこそ、「我々の側」から東日本大震災の「いま」を問い続けることが必要になる。

参考文献

小川伸彦 2002「モノと記憶の保存」荻野昌弘編『文化遺産の社会学――ルーヴル美術館から原爆ドームまで』新曜社。
関礼子 2012「流域の自治をデザインする――“絆”をつなぐフィールドミュージアムの来歴」桑子敏雄・千代章一郎編『感性のフィールド――ユーザーサイエンスを超えて』東信堂。
関礼子編 2013『被災・避難生活を写真で語る　福島県楢葉町、私たちのいま　2012年夏』立教SFR重点領域研究／課題解決型シミュレーションによるESDプログラムの開発。
成元哲編 2015『終わらない被災の時間――原発事故が福島県中通りの親子に与える影響（ストレス）』石風社。
久田恵 1995「忘れていたことを思い出す」宮本常一・山本周五郎・楫西光速・山代巴監修『日本残酷物語2　忘れられた土地』平凡社。
Benjamin, Walter, 1933, Erfahrung und Armut.（＝1969「経験と貧困」高原宏平・野村修編『ヴァルター・ベンヤミン著作集1　暴力批判論』晶文社。）

目　次／被災と避難の社会学

被災と避難の社会学

第1章　災害をめぐる「時間」

関 礼子

「災害の危機」は、被災の危機であり、被災後の生活回復の危機である。時を変え場所を変えて災害が繰り返される日本では、誰もが被災当事者になりうるし、生活回復困難者になりうる。だが、東日本大震災を経てなお、被災者を取り巻く社会システムは必ずしも十分とはいえない。なぜか。災害をめぐる「時間」、復興をめぐる「時間」に着目しながら考えてみたい。

本章では、第一に、過去につらなる災害の時間のなかに東日本大震災を位置づけながら、災害の危機の相貌について考察する。第二に、復興をめぐる「制度の時間」が、被災者の「生活の時間」とかみ合っていないために、被災者の生活回復が難しくなっていること、第三に、「文明災」（梅原 2012）としての性格を持つ大規模複合災害においては、広域的かつ不特定多数の人々が「被害のタイムカプセル」を抱くリスクがあることを指摘する。そのうえで、第四に、災害からの復興が進んでいると同時に遅れているという、被災をめぐる時間のリアリティを生活回復という視点から問い直す。

1　繰り返す災害の「危機」にどう向き合ってきたか

「災害の危機が迫る」とか、「災害が危機を生む」という文が成り立つように、災害自体が危機を意味するのではない。危機は災害の前後に存在している。災害前であれば、迫ってくる危機が防災・減災への取り組みを促すだろうし、災害後であれば、来たるべき災害からの危機回避のために救護・救援体制の見直しや復旧・復興のための更なる法整備が迫られるだろう。

危機（krisis）はもともと「決定」を意味するギリシア語で、「なんらかの不安定なプロセスが進行してゆくなかで現れる決定的瞬間」であり、「診断を可能にする契機」を意味したが、今日では反対に「非決定」を意味し、「なんらかの攪乱とともに不安定因子があれこれと噴出する契機」を指すという（Morin 1984：141 = 1990：186）。もちろん、危機にある社会システムの診断と治療には、そもそも何が危機かを明確にしなくてはならない。

では、こと災害において危機とは何か。時と場所と相貌を変えて反復する災害の時間から、どんな危機が見出されるだろうか。これまで、どのように危機に向き合ってきたのか。

防災に対する自信を揺るがした1995年の阪神・淡路大震災（2章参照）は、大勢の市民が災害ボランティアや被災者支援活動に参画した「ボランティア元年」となった。被災者らもまた災害の危機にあるシステムを変革するため市民活動を展開した。そこでは、作家・小田実の「これは『人間の国』か」という問いが大きな力を持った。

> 「地震後一年、被災者の一人として私が今考えることは、戦後五十年の日本は『経済大国』を形成したかも知れないが、ついに『人間の国』をつくり出してこなかったことだ。
>
> 今さら、外国にまでよく知られた、被災地の『棄民』としか言いようのない人間無視の政治を改めて論じ立てるつもりはない。それは、一年たっても明日の生活再建の見込みも立たないままで十万人近くが仮設住宅や学校、公園で生活する事態がよく示している事実だ。
>
> 住む家が全壊した人でさえが、これまで受け取った援助は、とるに足らない金額だ。これも『義援金』からのお金で、決して『公』的な援助金ではない。私のもとには外国人記者が来ることが多いが、彼らは被災者が何の『公』的援助金を受けていないことを知って驚き、異口同音に言う。
>
> 『日本は豊かな経済大国ではないのか』
>
> 私は答える。『経済大国ではあっても、人間の国ではない』」
>
> （朝日新聞 1996年1月17日）

被災者が公的援助を得ることなく、人間らしさを剥奪された環境で放置されていたのはなぜか。そこに、公的資金は公共の用途に資すべきで私的な用途に使えないという原理原則が作動したからだった。緊急時と平時とでは、公的資金の扱いに差異があって良いが、被災者の生活再建への支援が結果的に地域の復興に資して公共性にかなうという視点は薄く、むしろ「焼け太りを許さない」ということが重視されていたからであった。

小田は市民や国会議員らと「市民＝議員立法実現推進本部」を立ち上げ、「大災害による被災者の生活基盤の回復と住宅の再建等を促進するための公的援助法案（生活再建援助法案）」を作成した。前文に次の一文がある。

> 「雲仙普賢岳大噴火、北海道南西沖地震（奥尻島地震）、阪神淡路大震災、更にはもんじゅ事故などにより想定される災害などは、市民の生命、生活基盤に重大かつ深刻な被害をもたらす大災害である。国と自治体はこうした大災害の被害を直接受ける市民を守るとともに、その回復・再建のための責務を負っている。」（山村編 2005：182）

この法案は、被災者への公的支援を可能にする「被災者生活再建支援法」（1998年）につながっていく[1]。法の制定は、その後に発生した新潟県中越地震（2004年）で被災者が公的支援を受ける環境を拓いたとはいえ、十分とはいえなかった。小田は、中越地震に際して「なんだ、同じことをしている」という一文から始まる文章を『東京新聞』（2004年11月26日）に寄せている。

> 「あいかわらず学校の体育館や教室へ押し込められ、段ボールで区切りをつくっての被災者の避難所暮らし。最初はまったく食糧がない。そのうち弁当の配布は始まるが冷たく固くて年よりに米飯は食えない。困るのはトイレ。誰にとっても、ことに年よりや障害者にとって、学校の便所の使用は辛い。きつい。そのうち便所はこわれる。あふれる。余震が激しく長くつづく『新潟県中越地震』の被災地にあって幸いにして『阪神・淡路大震災』の被災地になかったのは、車のなかでの寝泊まりで、被災の規模がはるかに大きかった『阪神・淡路大震災』でそうした事態になっていれば、おどろくべき数の死者が出ていたことだろう。」（山村編 2005：20）

東日本大震災での被災者の状況がオーバーラップする。被災者生活再建支援法は、その後も改正を重ねてきたが、東日本大震災での被災者の状況は、「これは『人間の国』か」という呟きを繰り返すものだっただろう[2]。

2 「制度の時間」は「生活の時間」を見通せるか

被災後の生活回復の危機は、被災者を置き去りにした復興事業のなかで深化し、復興事業の完了とともに視界から消えていく。避難所から仮設住宅、災害公営住宅へと被災者が移動するなかで、自力で生活再建できる世帯は徐々にこのルートから抜けていくから、どの段階でも最後に高齢者世帯が取り残されやすい。そのうちに復興事業は淡々と完了の時を迎える。阪神・淡路大震災では、神戸市長田区や須磨区といった被害の大きな地域で人口回復が遅れた。街が復興しても人は戻らなかったのである。

東日本大震災は、発生から10年を区切りとして復興が進められている。しかも、復興を宣言すべく2020年には東京オリンピックという舞台までが準備されている。復興庁は、すでに2016年、東日本大震災から5年の「集中復興期間」に復興は着実に進展したと総括し、続く5年の「復興・創生期間」で原子力災害被災地を除く全ての復興事業を完了させ、被災地の「自立」を目指す考えを示している（復興庁2015）。

しかし、国と自治体では温度差があった。東日本大震災から5年にあたって実施された、被災3県42市町村首長アンケートでは、約8割の首長が復興事業で整備される公共施設（災害公営住宅・緊急避難道路・防災公園・高台の造成地・海岸防潮堤等）の維持管理費がもたらすだろう将来の財政負担を懸念していた（毎日新聞2016年3月9日）。復興事業が被災地の「自立」をうたいながら将来の「自立」を妨げる構造的問題を抱えているということになる[3]。

他方で、復興そのものが、特に福島県で遅れていることが指摘された（朝日新聞2016年3月6日、読売新聞2016年3月7日）。復興の遅れは、被災者アンケートになるとより厳しい評価になり、福島県では復興の実感が遠かった（読売新聞2016年3月8日、NHK 2016）。

復興庁が着実に進んでいると総括した復興は、自治体の評価や被災者の意識とズレている。災害からの復旧・復興とは何かという認識をめぐるズレである。阪神・淡路大震災でも、整然と再開発された復興の街に被災した住民が戻れず、これが復興の最終型かと疑問の声があげられた。東日本大震災でも人口減少は避けられないと見られる地域があり、とくに原発事故で避難区域になった／避難区域のままである自治体では、インフラ復旧や除染事業が進んでも、被災者の生活回復は困難な状況が続いてきた。

復興は進んでおり、同時に遅れている。被災地で復興事業が進むことと、生活の復興＝回復は同じではないからである。いくつもの復興事業が行われても、被災後の生活回復は阻害されたままで、被災後の生活の危機は未だに引き継がれている。

国の復興政策や復興事業など「制度の時間」は、10 年という復興完了の目標年度のなかで被災地の復興を考える。被災地が健全で持続可能な見通しを持てる状況を復興の最終形としないし、被災者が自らの生活を取り戻し、見通しのきく人生を生き始めるための「生活の時間」を重視しない。もちろん被災地や被災者の生活は早期に「自立」するのが望ましいが、復興事業は必ずしも「自立」のための道筋を描いていない。そのような状況下での「自立」は、被災者に生活回復を自己責任として押し付ける呪文に転化しかねない。

社会学者の似田貝香門らは、阪神・淡路大震災における被災者支援活動から、「被災という苦しみ pathos」からの自立支援にとって、被災者の「生の固有性」と出会い、寄り添うことで被災者と支援者がともに変化していくことの重要性を析出した（似田貝 2008）。同じく阪神・淡路大震災を取材した柳田邦男[4]は、「現代社会は、医療にしろ福祉にしろ住宅政策にしろ、法律による制度やルールが整備されるにつれて、行政の手が届かない、あるいは行政が切り捨てる『隙間』が多くなるというパラドックス（自己矛盾）をかかえている」とし、市民運動やボランティア活動の意義は「硬直化した社会の仕組み」を解体・再構築することにあると論じた（柳田 2006：11-12）。乾いた 3 人称ではなく、潤いのある「2・5 人称の視点」での行政運営の必要性を主張してきた柳田の視点は、似田貝の「生の固有性」を重視する。行政の自己矛盾は災害時に先鋭化するからこそ、社会の仕組みの再構築には、被災者の「生活の時間」を見通せる復興のあり方を模索しなくてはならない。

3　大規模複合災害を津波と原発事故とに分離・矮小化していないか

東日本大震災後の危機は、被災者となった人びとの生活回復の危機である。この危機は被災者の「生活の時間」を見通せない復興それ自体のなかに見出される。それは、健康という国際的に推進される人権、すなわち、世界保健機構（WHO）の定義する健康権（the right to health）に対する危機でもある。ここでの健康とは、病気や虚弱な状態でないことではなく、肉体的、精神的、社会的に満たされた状況のことであり、そうした状態への危機である。2012年に来日した国連人権理事会の特別報告者アナンド・グローバーは、福島原発事故での低線量被ばくを含めた放射線被ばくを過小評価する日本政府に対し、国民の健康権を守るよう求めた。国の対応が健康権の侵害にあたるという見解が表明されたということである（外務省 2014）。

もっとも、健康権に対する危機は放射線被曝の問題だけではなかった。ここで、改めて東日本大震災について概説しておこう。東日本大震災は、東北太平洋沖地震をきっかけにした大規模複合災害の呼称である。2011 年 3 月 11 日に発生した東北太平洋沖地震は、マグニチュード 9.0、最大震度 7 という巨大地震である。気象庁が公表している震度分布図には、東北地方だけでなく、北は北海道から南は九州まで震度 1 以上の数字が並んでいる[5]。震源から遠く離れていても体が揺れを感知しえた有感地震だったということである。

この地震は、津波観測地点で最大 10 メートル超の津波をもたらした。津波による被害は広く北海道から千葉県にかけての太平洋沿岸に及んだが、特に甚大な人的被害を見たのが岩手県、宮城県、福島県の 3 県だった。

津波は、沿岸に立地する原子力発電所を襲った。東京電力福島第一原子力発電所（福島第一原発）、福島第二原子力発電所（福島第二原発）で原子力緊急事態宣言が出された。福島第二原発は 2011 年 12 月 26 日に宣言が解除されたが、福島第一原発は宣言が解除される見込みをたてようがない。

東北地方太平洋沖地震と津波、そして原子力発電所事故による大規模複合災害のことを「東日本大震災」と呼ぶ。法律上は、「東北地方太平洋沖地震及びこれに伴う原子力発電所の事故による災害」と定義されるが[6]、定義に先立って「東日本大震災」という呼称は広く使われてきた。

全国紙3紙の記事をデータベースでみると、朝日新聞が3月12日から、毎日新聞が翌13日から「東日本大震災」の見出しをつけて報じている。当初「東日本巨大地震」という見出しで報道していたのが読売新聞だが、3月14日の記事のなかに「東日本大震災」の表記を確認できる。東北太平洋沖地震では捉えきれない、津波や原子力発電所事故の甚大な被害を総称したのが「東日本大震災」であった。

東日本大震災は、大規模な地震が、同時多発的に異なる種類の災害を引き起こす、多災リスク要因であることを示した。津波や原子力発電所事故だけではない。平時にはほとんど認識されない現代社会のリスクが、東日本大震災では先鋭化した。例をあげてみよう。

農業用ダムの決壊

福島県須賀川市では農業用の藤沼ダム（藤沼湖）が決壊し、8人の死者・行方不明者を出した。これを受けて、「全国の自治体がダムやため池の一斉点検を進めている。これまでの調査で少なくとも約510カ所で、水をせき止める堤体が耐震不足であることがわかった。このほかの数千カ所でも耐震調査を進めており、耐震不足は増えそうだ。農林水産省はため池の改修やハザードマップの整備を各自治体に求めている」。

（朝日新聞2014年8月29日）

鉱滓ダムの決壊

栃木県足尾町では足尾銅山の鉱滓ダム（源五郎沢堆積場）が決壊し、河川に流れ込んだ。足尾銅山の鉱滓ダムは複数あり、なかでも足尾町の上にある簀子橋堆積場は、かねてより決壊すると町の中心部が壊滅的被害を受けると指摘されてきた。古河機械金属は排水の浄化や堆積場の安全性確保に、毎年4~5億円を投入し、「365日24時間体制で、安全確認を徹底している」が（下野新聞2013年7月2日）[7]、足尾町では、東日本大震災後にさらなる安全対策を求める動きが出た。また、原子力安全・保安院鉱山保安課が設置した集積場管理対策研究会（2012）は、東日本大震災で足尾銅山を含む3つの鉱滓ダムが決壊したことを受けて、集積場の総点検の実施や対策工事の必要性を提示した[8]。

臨海部の脆弱性

すでに新潟地震（1964 年）で確認されたように臨海部の地盤は地震による液状化のリスクが高い。加えて液状化や地盤沈下のリスクもある。東日本大震災では、LPG タンクの火災、沿岸に立地する工場・事業所からの化学物質の流出や拡散、臨海部埋立地など脆弱な地盤に建つタンクや構造物の被災リスクが改めて露呈した。原子力発電所も地震・津波による被害を免れえない。新潟県中越沖地震では、柏崎刈羽原発で変圧器の火災が発生した。東日本大震災では福島第 1、福島第 2 原発で原子力緊急事態宣言が出された。福島第 1 原発で相次いだ爆発では、放射性物質が大気中に拡散し、土壌や河川・海洋、生態系が汚染された。爆発後も、汚染水の流出、損壊した建屋からの放射能漏れや、がれき撤去時の放射能飛散など追加的な汚染が指摘されており、汚染を封じ込める目途はたっていない。

震災がれきによる被害リスク

津波による漂流がれきや海底がれきなどを含む震災がれきは[9]、ただ単に撤去して処分すればいいというものではない。アスベスト、ダイオキシン、重金属を含む震災がれきや、放射性廃棄物となった震災がれきの撤去・処理には、健康に害をもたらす環境リスクがある。実際に被害が生じるかどうかは、年月をかけて検証されることになる。

津波や福島第一原発事故の被害が深刻であればこそ、大規模地震に伴ってさまざまなリスクが同時多発的に発生することには対応が向かなくなる。事実、東日本大震災は津波と原発事故とで表象され、なおかつ被災 3 県は、岩手県・宮城県が津波、福島県が原発事故と切り分けて議論されがちである。そのことが、現実にみあった被害回避行動やリスク防御行動を構想することを阻害してきたことは否めない。

4 「被害のタイムカプセル」を抱え込みはしなかったか

大規模災害時には、平時には意識されなかった環境リスクが一気に噴出する。これらリスクのなかには、タイムラグをおいて襲い掛かってくるものもある。被災者や、災害復旧・復興事業に従事する者が、「被害のタイムカプセル」

を抱え込むこともある。

たとえば、「静かな時限爆弾」もしくは「キラー・ダスト」と呼ばれる石綿（アスベスト）を吸い込みはしなかったか（広瀬 1985）。

阪神・淡路大震災では、震災後の倒壊建造物や瓦礫処理の過程などで発生する石綿曝露による健康影響に警鐘が発せられた。解体に従事する作業員への注意喚起がなされ、子どもらに防塵マスクを配布する市民団体もあった。それでも、2008 年には、阪神・淡路大震災で復興作業にあたった男性が中皮腫で労災認定され、その後も労災認定の事例が報告されてきている（朝日新聞 2012 年 8 月 24 日）。

日本産業衛生学会震災関連石綿・粉じん等対策委員会は、阪神・淡路大震災をふまえ、「大津波被災地域、放射能汚染地域、建物破損主体地域ではその様相が異なってはいるが、それぞれ一定量の石綿を含む粉じんや、その他が空中あるいは水を通して飛散し、解体作業や瓦礫運搬作業の過程でさらに拡散し、地域住民や作業に取り組む労働者・ボランティアを含む作業者への曝露が現実の心配事になってきた」と記した（日本産業衛生学会震災関連石綿・粉じん等対策委員会 2013：1）[10]。

だが、被災地でのマスク着用は、特に福島県において、別の文脈でシンボリックな意味を持った。余震が続き、事故原発の状態が予断を許さなかった 2011 年 4 月、不安を抱きながら新学期を迎えた学校には、帽子にマスクで登下校する児童・生徒らの姿があった。しかし、マスク着用は徐々に減り、夏が近づくにつれ「放射能を気にしすぎだといわれる」「1 人だけマスクをして子どもがいじめにあわないか」いう母親の悩みが聞こえていた。マスクの着用の継続が放射能汚染の不安をあおり、風評被害を助長するという「雰囲気」が別のリスクを引き寄せはしなかったか。

放射線被曝のリスクは低く抑えた方がよい。加えて、がれき撤去や被災建築物の解体作業が行われている地域では、石綿や粉じん被害を防ぐためには、子どもも大人もマスク着用が奨励されてよかった。阪神・淡路大震災での石綿・粉じん被害への警鐘が、東日本大震災のなかで活かされたか否かは、将来を待つしかない。

だが石綿の場合、中皮腫や石綿肺など石綿曝露が原因と特定しやすいが、被曝による健康被害は因果関係を特定しにくい。原爆症や水俣病で認定基準をめぐって訴訟が繰り返されてきたように、被害が生じた場合には補償・救済に途方もなく長い時間がかかりかねない。福島県だけの問題ではない。北関東や宮城県など、線量が高いにもかかわらず、無策・無防備だった地域こそが、被害の周縁として補償・救済されにくい構図になる。

環境や身体に不可逆の重大な影響をもたらす恐れがある場合には、未然防止とか予防原則が必要だというこれまでの議論が、大規模複合災害を前に無効化されてきた。これは行政の想像力の欠如か、事なかれ主義によるものかは措き、将来のリスク低減のための措置を回避する状況は、将来に被害が生じたとしても、その結果に対して責任をあいまいに回避することに転化しかねない。

5 災害をめぐる時間のリアリティとは何か

災害が繰り返すなかで、東日本大震災後の現在は〈災間期〉と表現できる(中澤 2012)。「復興の 10 年」は半ばを過ぎたが、被災者にとっては復興の遅れや社会の忘却の速さが感じられる月日こそが〈災間期〉であった。

時間の構造は絶対的なものではない。時間は、その他の過程と比べて、相対的に早い／遅い、短い／長いと感じられる。過去と未来のリアリティは現在の行為の中にあり、過去と現在、そして未来は、出来事を通して時間的な構造を獲得する。被災者の時間は、被災という個別具体的な体験によって、以前の生活とは異なる時間のなかに投げ込まれた。

人間の生活（ライフ／life）とは更新することで自己を維持していく過程であるだけでなく、ひとりの生命が次の生命へと更新されていく生命活動である。社会的存在である人間の生活（ライフ）には、慣習、道徳、伝統、生業、職業、信仰などが含まれ、それらが生活環境を媒介にして相互にコミュニケーションされることで社会が維持され、更新されていく。「人は、自分が生存している特定の生活環境（medium）に導かれて、選択的にある特定のものを見たり感じたりするようになる」のであって、生活環境が「一定の行動体系や一定の行動傾向をつくり出す」(Dewey 1916:13=1975:26)。それが人間の生活(human life)や社会生活(community life)を持続させる。より良い生活(life)、生命活動(life)は、未来を見据えてこそ維持、更新される。そのための生活環境が消失したならば、未来を見通せる新たな生活環境を手に入れなくてはならない。

「被災者は『創造的復興』と言ったような大それた野心は持ち合わせていない。ただ、災害前の生活が取り戻せれば、それで十分なのだ。そこで、市民運動の『生活復旧』という主張になる。ただ、被災すれば、住まいを失っていたり、家族の死傷や行方不明という取り返しのつかない痛手を被っていたりする場合も多々ある。まったく、被災前と同じ状態に戻ることはないのだ。しかも、生活復旧には原則として公費の援助はない。」
(山中 2012：320-321)

被災後の生活回復に、住まいの再建は大きな意味を持つ。関東大震災(1923年)後に、福田徳三は『復興経済の原理及若干問題』で、後藤新平らの帝都復興論に対し、必要なのは都市という器の復興ではなく、「人間の復興」だと訴えた(福田ほか 2012)。阪神・淡路大震災後に、被災者の生活再建のための市民運動が展開され、被災者生活再建支援法が生まれた。その結果、東日本大震災では、被災者生活再建支援制度で、家屋の全壊や大規模半壊した住宅の再建にあたって支援金が給付されるほか、さまざまな貸付制度や税制優遇措置が用意されることになった(内閣府政策統括官 2013)。それでもなお、被災者の生活回復が遅れてきたとしたら、あるべき制度はいま一度、被災者目線で問い直されなくてはならないだろう。

国、自治体やコミュニティ、そして生活回復をめぐる時間のリアリティから、東日本大震災の危機と危機にある社会システムについて、人びとの生きる世界の意味や価値から問い直すことが求められる。

注

1　被災者生活再建支援法制定の経緯は、国土交通課（2004）を参照のこと。

2　被災者生活再建支援法は自然災害のみが対象で、原発事故には適用されないという点で小田らの法案と異なる。

3　復興事業の開発主義や、ゼネコンによる復興資金の中央還流の存在を想起させるもので、「復興<災害>」（塩崎 2014）とか、「ショック・ドクトリン（惨事便乗型資本主義）」（Klein 2007）という概念がこれにあたる。他方で、被災者をよそに復興予算流用問題が存在していた（福場 2013）ことも銘記しておかねばならない。

4　柳田邦男は、東日本大震災では東京電力福島原子力発電所における事故調査・検証委員会（政府事故調）の委員も務めた。

5　ちなみに、東北太平洋沖地震および余震活動の領域内で発生したマグニチュード6.5以上もしくは震度5弱以上を観測した地震は、2015年5月13日までに93回を数えている（気象庁HP「平成23年（2011年）東北地方太平洋沖地震」（http://www.data.jma.go.jp/svd/eqev/data/2011_03_11_tohoku/、最終閲覧日:2016年3月31日））。被災地は揺さぶられ続けている。

6　東日本大震災復興特別区域法（2011年12月14日公布）第2条。

7　記事は下野新聞ＨＰ（http://www.shimotsuke.co.jp/special/ima-ikiru-shozo/20130702/1078651、最終閲覧日:2015年3月31日）。なお、簀子橋堆積場の管理については、『環境管理』（2014）掲載のレポートも参照のこと。

8　源五郎沢堆積場の他､大谷鉱山（宮城県）や高玉鉱山（福島県）で決壊があった（集積場管理対策研究会 2012）。

9　「がれき」は、被災者個々人にとって遺品や思い出を含み、また出来事の証言物となるが、個別具体的な文脈を離れると廃棄物になる。ここでの「がれき」は、後者の意味である。

10　あわせて、東日本大震災では「石綿のみならず、鉱山跡地からやヘドロ内の重金属や有害物質、津波と水害の後で生じる細菌、真菌汚染といった生物的要因の課題も想定された。いずれも環境問題である一方で、復旧作業に従事するボランティアを含む作業者への大きな脅威（即ち産業保健の課題）となりうる」との指摘がなされている（日本産業衛生学会震災関連石綿・粉じん等対策委員会 2013：8）。

参考文献

梅原猛 2012「文明災としての原発事故――人類哲学へ（インタビュー）」『神奈川大学評論』71：pp.5-11

NHK 2016「東日本大震災5年 被災者1000人アンケート」（http://www.nhk.or.jp/d-navi/link/shinsai5/、最終閲覧日：2016年12月1日）。

『環境管理』編集部 2014「レポート　足尾銅山の歴史と環境保全の取り組み」『環境管理』50-9：pp.12-13。

外務省 2014「アナンド･グローバー『健康の権利』特別報告者の訪日」外務省HP（http://

www.mofa.go.jp/mofaj/gaiko/page3_000237.html、最終閲覧日：2015年3月10日)。
国土交通課（大塚路子・小澤隆）2004「被災者生活再建支援」国立国会図書館『調査と情報（ISSUE BRIEF）』437号。
塩崎賢明 2014『復興<災害>――阪神・淡路大震災と東日本大震災』岩波書店。
集積場管理対策研究会 2012『集積場管理対策研究会報告書』。
内閣府政策統括官（防災担当）2013『被災者支援に関する各種制度の概要（東日本大震災編）（平成25年6月30日現在）』内閣府。
中澤秀雄 2012「ポスト3.11（災間期）の社会運動と地域社会の再生」『大原社会問題研究所雑誌』No.647・648：pp.1-14。
似田貝香門編 2008『自立支援の実践知――阪神・淡路大震災と共同・市民社会』東信堂。
日本産業衛生学会震災関連石綿・粉じん等対策委員会 2013「日本産業衛生学会理事長への報告書『東日本大震災にみる石綿・粉じん等による影響と対策・課題』」日本産業衛生学会HP（https://www.sanei.or.jp/images/contents/262/report-asbestos_dust_and_Earthquake.pdf、最終閲覧日：2016年12月5日）
広瀬弘忠 1985『静かな時限爆弾――アスベスト災害』新曜社。
福田徳三著、山中茂樹・井上琢智編 2012『復刻版 復興経済の原理及若干問題』関西学院大学出版会。
福場ひとみ 2013『国家のシロアリ――復興予算流用の真相』小学館。
復興庁 2015「集中復興期間の総括及び平成28年度以降の復旧・復興事業のあり方について」（復興庁HP、http://www.reconstruction.go.jp/topics/20150602160747.htm、最終閲覧日：2016年12月5日）。
柳田邦男 2006「現代社会の『隙間』とボランティア活動の神髄」似田貝香門編『ボランティアが社会を変える』関西看護出版。
山中茂樹 2012「『人間復興』の今日的意義――福田徳三的『市民的災害復興論』を構築しよう」福田徳三著、山中茂樹・井上琢智編 2012『復刻版 復興経済の原理及若干問題』関西学院大学出版会。
山村雅治編 2005『これは人間の国か――震災十年報告 市民＝議員立法総括、そして『災害基本法』へ』市民＝議員立法実現推進本部。
Dewey, John, 1916, Democracy and Education; An Introduction to the Philosophy of Education, The Macmillan Company.（＝1975 松野安男訳『民主主義と教育（上）』岩波書店。）
Klein, Naomi, 2007, The Shock Doctrine: The Rise of Disaster Capitalism, Metropolitan Books.（＝2011 幾島幸子・村上由見子訳『ショック・ドクトリン――惨事便乗型資本主義の正体を暴く（上・下）』岩波書店。）
Morin, Edgar, 1984, Sociologie, Librairie Artheme Fayard（＝1990 浜名優美・福井和美訳『出来事と危機の社会学』法政大学出版局。）

第2章　災害史から見える東日本大震災

中須 正

1　日本の災害史と東日本大震災：東日本大震災と三陸海岸沿岸

本節では、東日本大震災の位置を歴史的視点から俯瞰する。特に戦後の日本の災害史的からの位置づけと三陸沿岸地域史的な位置づけから述べてみたい。

1.1　構造物による防災対策の限界から：東日本大震災の戦後史的位置

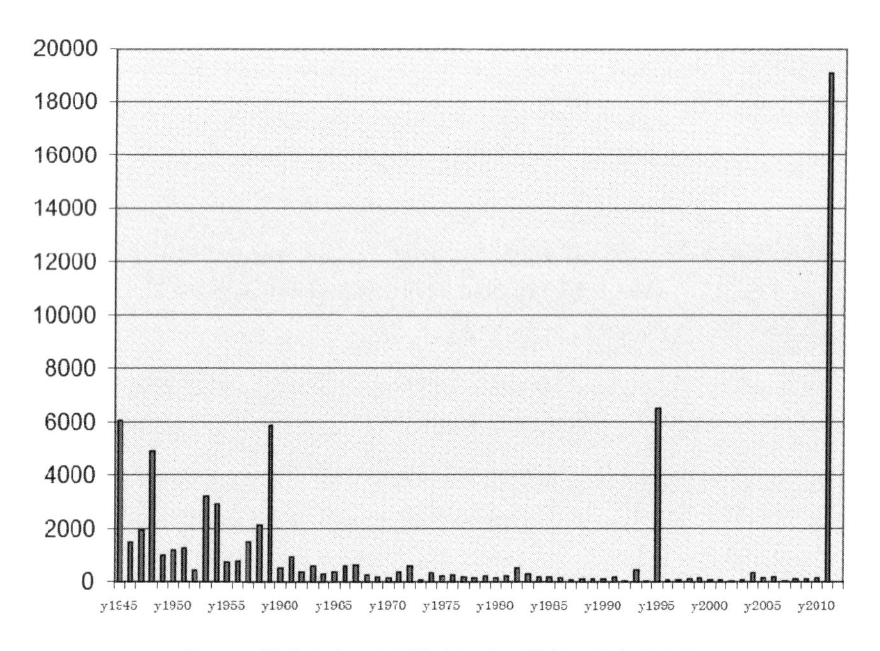

図 2-1　戦後日本の自然災害による死者・行方不明者

（出典）防災白書（2012）を筆者改定。

本稿では、戦後の日本の災害史を俯瞰し、東日本大震災がどういう位置にあるのか、我々はどういう立ち位置にいるのか、を概説することから始めたい。まずは、社会・歴史的背景として、本格的な開発が始まったといえる1945年以降の第二次世界大戦の日本の災害史を中心に概観する。

図2-1に、戦後の自然災害による死者・行方不明者の推移を示す。はじめに注目すべきは、終戦直後の混乱期にある。最大の人災ともいえる戦争は、国土を疲弊させ、自然災害の拡大を招いた。とくに1945年から1959年の伊勢湾台風までは、「大水害頻発時代」といわれ、地震による被害もあったが、風水害によって多くの犠牲者を出した。この時期の始まりと終わりに大きな台風災害、枕崎、伊勢湾台風災害は甚大な被害を惹き起こしている。概要を述べると、枕崎台風については、1945年9月17日14時頃鹿児島県枕崎市付近に上陸し日本を縦断した台風である。被害者は死者2,473人、行方不明1,283人、負傷者2,452人に及んだ。戦争中に軍事情報でもある気象情報が閉ざされていた経緯から、この時期の気象情報や防災体制が不十分であったことなどが、被害の拡大を招いた。

特筆すべきは、原爆で荒廃していた広島を直撃し多くの犠牲者を出したことである。これはまさに戦争が災害であるという側面と、その災害はさらなる災害、ここでは自然災害、を惹き起こすという事実を示している。

次に、1959年の伊勢湾台風であるが、災害対策がまだ十分とはいえない状態の大都市名古屋を襲い、5,098人という多くの犠牲者を出す大惨事となった。戦後の急速な復興による都市化、それにともなう地盤沈下、住民意識と災害対応の不備、さらには、名古屋港に集積されていた多量の輸入木材が市街へ流入したことにより被害の拡大を招いたといわれる。この伊勢湾台風は、その甚大な被害により、災害対策基本法が成立するなど日本の防災行政の転換期となった。伊勢湾台風を契機にその後の日本は、ハード対策、すなわちインフラ整備を中心に自然災害への対策を進めていった。この教訓から、台風による高潮や暴風対策を湾岸都市中心に推進していったのである。

伊勢湾台風の翌年1960年、岩手県を中心に襲ったチリ津波は、遠地津波による被害を受けたが、以降、後述するように、上述の堤防を中心としたハード対策の流れに乗っていった。そして、自然災害による被害を軽減しながら高度経済成長を謳歌した。その結果、来襲する台風が減少したことも相俟って自然災害による犠牲者は激減し、その中で自然災害はある程度阻止できるという自信を持つようになった。

そのようなときに、1995 年の阪神・淡路大震災を経験することになる。この 6,437 人の犠牲者を出した大震災は、家屋はおろか、道路などインフラもずたずたにした。

この経験によって今までの防災に対する自信は脆くも崩れ去った。そして、ようやく、ソフト対策、すなわち、組織や地域などに目を向ける重要性に気づかされた。まさに「防災」から「減災」への転換期 であった。同時に日本における災害研究、つまり社会科学的な研究が本格的に始まことになる。その後、日本は阪神・淡路大震災の経験から学ぶとともに、防災・減災分野の国際的なイニシアティブを発揮し、神戸はその拠点となった。海外で起きた象徴的な大災害、とくに、2004 年のインド洋津波では、日本は、その経験から学ぶとともに、防災・災害対応先進国としてのアイデンティティを高めた。2005 年、阪神・淡路大震災の 10 年後の神戸で開催された国連防災世界会議はそのことを示している。

しかし、2011 年 3 月の東日本大震災は、そのアイデンティティをも揺るがすこととなる。岩手県・宮城県・福島県を中心に死者・行方不明者が 1.9 万人を超える戦後最大の壊滅的な被害を出したこの大災害及び復興過程は、これまでの日本の経験･取り組みの再考をせまっている。さらに､災害直後は、日本の状況を見て、海外、とくに途上国からは、日本をモデルとしてこれまで災害対応に挑んできたが、今後何を手本とすればよいのかという混乱が生じているという声も聞こえた。日本は、今後、どのように復興するか、どのような対策を講じていくのか、試されているとも言える。

以上が現在までの日本における災害の歴史的経緯の全体像であるが、伊勢湾台風以降のハード中心の防災対策及び阪神・淡路大震災後進展したソフト対策、それらを経験したうえでの東日本大震災であること、岩手県沿岸部は、明治時代から度重なる被害を経験し、そのたびに復興が議論されてきたということを抑えておく必要がある。本章は、上記の点を中心に史的視点から東日本大震災に迫ってみたい。

1.2　高台移転、総合的防災対策、堤防、及び警報システム：三陸沿岸地域の災害史

表 2-1　三陸地方におけるこれまでの主な津波被害

年次		被害概要
869 年	貞観 11 年	地震と津波により、城郭の破壊などあり。溺死者 1,000 人
1611 年	慶長 16 年	伊達領内にて男女 1,783 人、牛馬 85 頭溺死
1677 年	延宝 5 年	陸奥国磐城の海邊に人畜溺死、屋舎流出
1836 年	天保 7 年	仙台地方地震、民家数百流出、溺死者多
1856 年	安政 3 年	死者 42 名
1896 年	明治 29 年	明治三陸地震津波、死者 21,953 名、流出家屋 10,370 棟
1933 年	昭和 8 年	昭和三陸地震津波、死者 1,823 名、行方不明 1,140 名　流出倒壊 6,837 戸
1960 年	昭和 35 年	チリ津波、死者 119 名、行方不明 20 名
1968 年	昭和 43 年	十勝沖地震津波、津波最大高 5.7m、津波による人的被害は少ない

（出典）杉戸（2012）を筆者改定。

三陸地方におけるこれまでの主な津波災害

三陸沿岸では、リアス式という海岸地形の条件もあり古くから大きな津波災害を繰返し経験している。リアス海岸では山が海に迫っているため、集落は狭くて低い湾岸低地に散在して立地することになり、津波に対する脆弱性の大きい居住状況がつくられる。三陸海岸は世界で最大の津波危険地帯とも言われている。

表 2-1 で示すように、三陸地方では昔から大きな被害を伴う津波災害を経験してきた。たとえば、869 年の貞観地震は明治三陸地震よりも大きい M8.6 の規模で、非常に大きな津波が生じたが詳細は分かっていない。1611 年の慶長地震（M8.1）では、最大波高 20m の津波が三陸海岸を襲い、大きな被害が生じた。田老、小湊、下攝待（現宮古市）では集落全滅、宮古では民家 1100 戸のうち残ったのが 6 戸 などの記録がある。これ以降、1677 年

延宝地震（M8）、表2-1には示していないが、1763年宝暦地震（M8）、1793年寛政の地震（M8.2）、そして、1856年安政の地震（M8）により津波が来襲している。1896年の明治三陸津波は、最大数の犠牲者を出す津波災害となった。

下記**表2-2**では、明治三陸津波（1896）昭和三陸津波（1933）チリ津波（1960）各災害における自治体毎の全壊、死者数、及び人的脆弱度（HVI: Human Vulnerability Index）を算出している。人的脆弱度は、死亡率（死者 / 人口）を建物流失・倒壊率（流失・倒壊数 / 総建物数）で割り、百倍した数値で、理論上は、避難失敗率として機能する。浸水域での死亡率は、実際の人的被害の深刻さあるいは避難失敗の度合いを示すとされているが、明治三陸津波（1896）及び昭和三陸津波（1933）ではGISや衛星技術が存在しなかったためデータが存在せず、過去と比較する目的で、HVIとして筆者らが考案し

表2-2　明治、昭和、チリ、東日本大震災における被害

	明治三陸津波			昭和三陸津波			チリ地震津波			東日本大震災		
	全壊	死者	HVI	全壊	死者	HVI	全壊	死者	HVI	全壊	死者	HVI
久慈市	180	494	20.4	117	27	5.34	1	0		6.5	4	
野田村	80	260	51.3	62	8	8.1	9	0		309	38	4.1
普代村	76	302	64.3	79	137	38.3				0	1	
田野畑村	53	232	67.5	131	83	10.9				225	33	5.2
岩泉町	132	364	50.9	97	156	29.3				177	7	1.7
宮古市	832	3010	66.2	589	127	31.8	99	0		3669	544	6.1
山田町	814	2124	51.6	551	20	0.5	133	0		2789	853	10.9
大槌町	684	600	16	483	61	0.9	30	0		3677	1449	18.3
釜石市	1192	6487	96.1	686	728	32.1	28	0		3188	1180	15.7
大船渡市	806	3174	54.1	694	423	11.6	384	53	2.7	3629	449	5
陸前高田市	245	818	52.4	242	106	5.9	148	8	1.1	3159	2115	21.2
気仙沼市	486	1887	51.8	407	79	2.8				8533	1414	5.7
南三陸町	475	1234	38.6	187	85	7.4	601	38	1	3167	987	9.5
女川町	10	1	1.7	56	1	0.4	192	0		2939	949	12.3
計	6065	20987		4381	3041		1625	99		35526	10023	
平均HVI			48.7			13.2			1.6			8.26

（注）「全壊」は、建物流出・倒壊数であり、「死者」は、死者と行方不明者数を含める。また、HVIは、人的脆弱度を示す。東日本大震災については、2011年8月11日時点のデータを用いている。
（出典）水谷（2012）をもとに筆者作成。

た（中須・倉原 2012、後藤・中須 2017、Nakasu. T, Ono. Y, Pothisiri. W 2017）。核家族化や集合住宅などの影響を受けないうえに、東日本大震災の人的脆弱度と浸水域の死亡率との相関係数が 0.95 であり、非常に相関性が高いことからその妥当性を担保している。以下これらの数字も利用しながら各津波災害を概観してみたい。なお市町村合併については、旧市町村（現市町村）として表記する。

明治三陸津波災害

明治三陸津波災害は不意打ち津波災害とも呼ばれている（山下 2005）。1896 年（明治 29 年）6 月 15 日 19 時すぎ、三陸海岸の東方 200km の日本海溝沿いで地震が発生し、それまで度重なる被災の履歴があるにもかかわらず津波に備える態勢はなかったことや、旧暦の端午の節句を祝っていた人々は大して気にもとめなかったこと、震動が弱い「津波地震」であり、ゆれに比べて波が高く（最高は綾里（現大船渡市）で 38.2 m）、不意打ちとなり、多くの人的被害をもたらす結果となった。

被害は、岩手・宮城・青森の 3 県で死者・行方不明 2.2 万人、流失・倒壊家屋 1.2 万戸という著しいもので、日本の津波災害史上で最大の災害となった。岩手県の 36 被災町村における家屋流失率は 34％、死者率は 17％、宮城県の 17 被災町村における家屋流失率は 25％、死者率は 11％であった（水谷 2012, 2018）。

なかでも田老村は深刻で、波高 15m により、死者数 1,867 人を記録し、特に田老村の田老地区ではほぼ全戸流失・倒潰し、生き残った人は海へ漁に出ていた人か山へ仕事に出かけていた人だけという状態であった。

明治三陸津波後においても高台への集団移転が実施されたが、宮城県内の一部の事例を除き、地元の有力者の指導による自発的かつ散発的なものであり、事例数としては多くはなかったとされる（杉戸 2012）。

昭和三陸津波災害

昭和三陸津波災害は、明治津波災害の経験が活きた津波災害ともいえる。

1933年に三陸沿岸は再び大きな津波に襲われ、地震の発生は桃の節句の3月3日の深夜で、ほとんどの人が寝静まっている時刻であったにもかかわらず死者数が3,064人と明治に比べ少なかった。その理由としては、震度5の強い揺れが感じられたこと、明治の大津波の経験がまだ忘れられていなかったことなどが指摘されている（最高の波高は明治と同じく綾里（現大船渡市）で23 m）。

とくに、表2-2で示したように、人的脆弱度は全体的に低く、平均値が、明治三陸津波が48.7に対して昭和三陸津波は、13.2であり、これは避難が非常にうまくいったことを示している。ただ、明治の津波に比べ大部分の集落で死者数を大きく減らしたが、そうでなかった集落もあった。先述の田老町田老（現宮古市）では全戸数362戸のうち358戸が流失・倒潰し792人が死亡するという、明治に引き続く被害を被った。唐丹村本郷（現釜石市）では全戸（101戸）が流失・倒潰し死者数は326人であった。明治の津波後に高台への集団移転をおこなった船越村船越（現山田町）、唐桑村大沢、階上村杉の下（現気仙沼市）などでは、ごく少数の原地復帰者が被災しただけであった（水谷2012, 2018）。

このように高台移転による昭和三陸津波の被害軽減効果が大きかったため、「貴重なる実例」と考えられ、その後の復興計画に活用されることになった（杉戸2012）。

具体的には、昭和三陸津波災害後、移転を渋っていた住民も行政の働きかけを受け入れ、岩手・宮城両県で98集落、約3,000戸が集団あるいは分散して高台移転を行った。しかしその後、原地に新たな家並みが復帰者や新規居住者によってつくられていった。

特筆すべきは、それまでの防災対策はそのほとんどが前述したように各自あるいは地元の有力者によって個々に行われる傾向にあったが、昭和三陸津波以降、国や県の主導や財政措置によって実行されるようになったことである（内閣府中央防災会議2010）。

たとえば、内務省による復興計画の内容は、「都市的集落」においては、(1)現地で復興すること、(2)海辺近くは運送業や倉庫、後方の安全な高地に住宅といった土地利用計画を立てること、(3) 道路幅は非常時の避難や防火を考慮すること、(4) 高台移転を行わない場合には、後方高台に達する避難道路を設けること等、であり、「沿岸集落」においては、(1) 集落を高地に移転させること、(2) 役場、公共施設、社寺等を最高個所に移し、広場を設けること、(3) 重要道路は非常時の連絡を絶たれないよう、津波の被害を受けない高地に設置すること等が方針として示されている（内務省大臣官房都市計画課編 1934)。

さらに、構造物の設営よりも津波の際に避難することができ、最低限、生命だけは守られるような復興方策が優先されている。防災施設として、防波堤や護岸、防潮林の建設等も方針に掲げられているが、あまり重要視されていないのは、当時の技術的水準かつ財政的な状況が十分でないことによるものであった。

チリ津波

チリ津波は遠隔津波である。1960年5月23日午前4時すぎ（日本時間)、南米のチリ南部でマグニチュード9.5という観測史上最大の超巨大地震が発生し、22時間半後の午前3時ごろに太平洋の真向かいにある日本列島の沿岸に到達した。津波は北海道から沖縄に至る太平洋岸のほぼ全域を襲い、波の正面にあたる三陸海岸では到達標高が8mを超え、全国の死者139人となった。三陸地方では、被害が大船渡市（死者53)、志津川町（現南三陸町)（死者37)、陸前高田市（死者8）に集中した。

この後の主な防災対策は、伊勢湾台風や日本の高度経済成長を背景とした防災構造物の建設と津波警報システムとなっていく。これによって、逆に昭和三陸津波後に出された総合的防災対策に、構造物、警報システムが加わった形となったが、十勝沖地震（1968年）などにより、それらが津波から住民を守った経験から構造物や警報システムへの過度な信頼へとつながり、住民の防災意識の希薄化と結びつき、さらには昭和三陸津波で培われた総合的津波対策を歪めてしまったことが指摘されている（内閣府中央防災会議 2010)。

東日本大震災

第1節で述べたように東日本大震災は、これまでの防災対策を問い直す災害となった。2011年3月11日14時46分、牡鹿半島東南東130kmの三陸沖を震央とするプレート境界で地震が発生した。気象庁による最大震度は7であった。2015年3月の消防庁のまとめによると関連死を含め死者・行方不明の総数約1.9万人にのぼっている（消防庁2015）。津波の規模は明治三陸津波を上回り、最大遡上高が三陸リアス海岸で30～40m、宮城・福島の平滑な海岸線の海岸平野において10～20m、房総東岸で5mほどであった。津波被災市町村における住家全壊は10.7万棟、半壊は10.2万棟であった。

震災直後から国の中央防災会議の「東北地方太平洋沖地震を教訓とした地震・津波対策に関する専門調査会」によって津波対策が検討された。ここでは、津波の防御基準としてレベル1（L1）・レベル2（L2）という考え方が整理された。L1は数十年から百年に一度発生する津波であり、これは防潮堤により防ぐ。L2は東日本大震災の津波のように数百年に一度発生する津波であり、津波が防潮堤を乗り越えることを前提としながらも「粘り強い構造」とすることで壊れにくくし、被害を極力抑える。さらに、堤防以外の総合的な対策（避難行動など）も講じて減災を目指すとされた（横山2014）。また、土地利用については、L1対応の防潮堤が完成したことを前提としてL2津波による浸水深を予測し、浸水する場所（災害危険区域）では住宅、病院、学校、市庁舎などの生活に関する建築物は禁止し、事業所や工場などの産業に関する建築物についてのみ許可することとした（津波防災地域づくりに関する法律）（国土交通省2015）。しかしこの災害危険区域が、後述するように、移転促進事業などのさまざまな施策と結びつくことによる問題が生じている。

以上のように、東日本大震災では避難体制等のソフト対策を含めた、まさしく総合的な津波対策が重要であることが改めて確認された。次に津波防災対策の中心とも言える高台移転について歴史的な視点で振り返ってみたい。

三陸沿岸部高台移転史

表 2-3　高台移転年表

県	被災地．被災状況．原地再建／移転 明治三陸津波（明）．昭和三陸津波（昭）．チリ津波（チ）
岩手県	＜唐丹村本郷（現釜石市）＞ （明）ほぼ全戸が流失・倒潰し地区民の半数以上が死亡．災害後、わずか 4 戸が背後の高地に移転、その他は原地再建．7 年後には野火によりほぼ全戸焼失したが、再度、原地に再建． （昭）流失・倒壊 101 戸、死者 326 人の大被害．集落近くの谷斜面を切り盛土して階段状に宅地を造成、101 戸全戸が移転．原地（移転跡地）は非住家地区とされ、復帰者なし． （チ）被害なし．その後、低地は住宅地へと変貌．
	＜唐丹村小白浜（現釜石市）＞ （明）流失倒壊 50 戸を超え、約 120 人の死者．津波後、一旦高地へ集団移転したが、山火事に遭ったため、大部分が原地復帰． （昭）107 戸流失倒壊、2 人の死者行方不明．
	＜船越（山田町）＞ （明）集落ほぼ壊滅．自主的に高台移転の計画、段丘上に敷地造成して集団移転を実施 （昭）高台移転集落は被害を免れた．低地の新しい占居者は流失倒壊 24 戸、死者 2 人の被害
	＜田ノ浜（山田町）＞ （明）ほぼ全滅．船越と合併し、高台移転を計画したが，意見の統一がなされず，独自に傾斜地に敷地造成を行った．時間の経過とともに元屋敷に復興、原地復帰 （昭）再建集落、256 戸のうち 185 戸流失倒壊し、死者 2 人．高台移転の実行を決断、300m 離れた谷奥の標高 15 ～ 20m の緩斜面に、長さ 500m、幅 100m の長方形の整然とした区画の宅地を造成し、240 戸を収容可能． （チ）被害なし
	＜綾里村（現大船渡市）＞ （明）1347 人の死者．しかしながらわずか数戸のみが個別に高台移転 （昭）低地復興した集落 249 戸が流失倒壊、死者 178 人．
	＜三陸村崎浜（現大船渡市）＞ （明）集落ほとんど全滅．原地の低地に区画整理、復興再建． （昭）再建された大部分が被害を受け、流失倒壊 31 戸、死者 50 人
	＜吉浜（三陸村）本郷（現大船渡市）＞ （明）全滅に近い被害．海岸に防潮堤、防潮林を整備． （昭）堤防が決壊、流失倒壊 37 戸、死者行方不明 17 人．
	＜吉浜村（現大船渡市）＞ （明）204 名の死亡．高台移転を実施、集落を道路に沿って分散． （昭）移転後に新しく低地に建った 10 戸と移転位置の悪かった 2 戸のみ被災．
	＜長部（陸前高田市）＞ （明）流失 27 戸、死者 42 人．原地復興 （昭）102 戸流失倒壊、死者 32 人．原地盛土、防浪堤で囲む （チ）防波堤内道路より浸水、堤外の埋立地の建物が流失倒壊、死傷者有．（高田町と含めて 8 人）
	＜田老町田老地区（現宮古市）＞ 慶長の大津波で集落全滅 （明）津波で流失・全壊家屋 615 戸、死者 3,765 人．原地再建 （昭）津波で流失・全壊家屋 358 戸（98%）、死者 763 人（42%）．原地再建

宮城県	＜唐桑　大沢（現唐桑町）＞ （明）低地 57 戸が流失倒壊し、死者 187 人．段丘上に宅地造成を行い移転． （昭）移転したものは無事、低地に再建したものは、流失倒壊 71 戸、死者 5 人
	＜唐桑　只越（現唐桑町）＞ （明）流失 51 戸、237 人の死者．北の山麓に宅地造成をしたが、土地、地質条件により移転を断念、原地復興． （昭）流失倒壊 107 戸、死者 24 人．
	＜大谷村大谷（現本吉郡）＞ （明）流失倒壊 68 ／ 99 戸、241 ／ 710 人の死者．段丘を崩して宅地造成後移転． （昭）低地再建した 27 戸の流失のみ被害．
	＜雄勝町（現石巻市）＞ （明）流失倒壊 119 戸、死者 32 人．原地再建 （昭）流失倒壊 361 戸、死者 9 人．盛土、被災低地を住家建築禁止地区の設定．時間の経過とともに非住家も次第に宅地化 （チ）低地上の建物は全壊及び流失 87 戸、半壊 90 戸、床上浸水 191 戸．

（出典）中須ほか（2011）

高台移転史概説

Gilbert F.White らは、防災対策の実行がどう被害ポテンシャルおよび実質利益を変化させるかについて、述べている。経済的救援及び保険はどちらもマイナス効果を与え、防災施設工事は被害ポテンシャルを大きく増大させるとしている。また、土地利用管理はどちらも望ましい方向に向かうとしている（White.F.G., Haas.E.J. 1975）。このことは、最も有効な防災対策は、リスクの高いところに住まないことと言い換えることができる。しかしながら、開発によって根本的な地域の災害リスクを高めたり、利便性をもとめてリスクの高い地域に居住することを選択したりする現実がある。さらに、危険が大きいと指摘されていても、さらには大きな被害を受けた場合でも、なかなか移転にまでは踏み切れない、また移転しても時間が経てば原地復帰してしまう傾向が現実である。繰り返し大災害を被ってきたという世界で最大の津波危険地帯である三陸沿岸の集落はその典型例である。

表 2-3 に三陸沿岸部の主に明治三陸津波以降の津波による被害と高台移転の経緯を関係資料によりまとめた。1896 年の明治三陸津波後、三陸の多くの町村で安全な高地への集落移転が検討されたが、実施したのは一部の地区にすぎなかった。主な理由としては、（1）被災地区の大部分が漁村で海浜から離れるのは漁業に不便である、（2）零細漁民が多く資金的に困難である、（3）

地区民の利害が一致せず合意形成は非常に難しい、(4) 移転地の選定・買収に当たり地主との対立が生ずる、などであった。傾斜地の土地造成は当時の土木技術水準の面から制約もあった。このため各戸が任意に行う分散移動が主として行われた。漁業共同体としての集落を再興し維持するために、他地区への移住をやめさせようとする働きかけもされたとされる。結局、大部分の被災集落は原地再建を選択したが、危険は解消されず、昭和の再被災につながっている。少数ながら行われた集落移転の跡地には、移転者の一部が復帰したり、その分家や他村からの移住者が住みついたりした。家系の再興、屋敷・耕地の継承などのために移住者の積極的受け入れも行われた。

昭和三陸津波では、先述したように明治の貴重な経験を活かして迅速な避難が行われ、死者数を大きく減少させた。しかし、建物は多数の地区が壊滅的な破壊を受け、集落の再建が必要になった。そこで、集落の高地移動が主要復興事業の一つに取り上げられ、県はこれを積極的に推進し、国は国庫補助及び低利資金利子補給で支援した。移転適地の条件は、海浜に近いこと、既往津波の最高浸水線以上に位置すること、海を望み得ること、南面の高地であること、飲料水が容易に得られることなどであった。

しかし、適地が得難いことに加え、資金調達困難、農地転用上の障害、地主との対立などの問題があって、結局、およそ100集落で約3000戸が、分散あるいは集団で高台移転を実施した。これ以外に個別に移住した人びとも多かった。宮城県は危険な海岸低地への居住を制約するために県令により津波罹災地および津波罹災の恐れのある地域における居住用建物の建築を規制した。しかし時が経つにつれ、漁業に不便などによる元屋敷への復帰、分家や他地区からの移住者の居住などにより、大部分の地区で元のような家並みが復活した。高台移転先は出来る限り元の集落に近いところが選定され、その平均標高は10m程度であった。

1960年5月24日チリ地震津波では、前述したように3市町に被害が集中した。この被害を受けた防災対策は、高度経済成長や伊勢湾台風災害の影響もあり、ハード対策として防波堤、防潮堤の建造・整備、ソフト対策として津波予報が主流となっていった。その一方で、地域性を考慮した総合的防災対策の考え方も、1993年の北海道南西沖地震の影響も受けながらも進められた。集落の高台移転はその総合的防災対策の一つとして位置づけられた。

2011年3月11日の東日本大震災では、広範囲な被害を受けることとなった。東日本大震災における高台移転集落の津波被害状況を見ると、内閣府中央防災会議「東北地方太平洋沖地震を教訓とした地震・津波対策に関する専門調査会」(第5回　2011年7月10日)の資料によれば、昭和三陸津波で高地移転を実施した28地域のうち、被災したのは判明分で19地域であり、高台移転の基準の再検討が必要となった。

現在、津波により被災した30市町村の333地区で、集団移転が進められていて、震災4年後にあたる平成27年3月現在で完了したのが168地域(約50%)となっている(復興庁2015)。東日本大震災における高台移転、つまりは防災集団移転促進事業における問題点について整理すると、大きく次の3点があげられる。第一に、災害危険区域[1]に関する問題、第二に、移転にかかわる問題、第三に、地域コミュニティの問題である。

まず、第一の災害危険区域に関する問題についてであるが、判断基準が津波シミュレーションによる浸水予測であり、このシミュレーションは復興計画に盛り込まれている防潮堤や土地のかさ上げによる防御策を前提にしている。そのため、津波で全壊したのに災害危険区域に指定されないという問題が報告された。また、危険区域内に住宅修繕し居住する問題もある。防災集団移転については、震災直後に知らされておらず、支援金や保険金を使い早期に住宅を修繕したが、その後災害危険区域に指定され、もはや移転の資金はなく困惑する事例もある。さらに、災害危険区域に指定されると、住宅を修繕して住むことはできても、福祉施設等、他の施設にも建築制限がかかるため、住民サービスに対する不安が生まれている(朝日新聞2012年9月21日、河北新報2012年12月1日)。

第二は、移転に関わる問題である。とくに移転先での自力再建費用についてである。それは、自治体による移転跡地の買取価格が、移転先の住宅団地での住宅再建の原資になるが、震災後、沿岸部の地価は下がり、高台や内陸の地価は上昇し続けている現実がある。移転負担の増加は移転先での自力再建の断念と災害公営住宅への入居を促進させ、震災前の地域コミュニティの維持を難しくしている[2]。また、抵当権がかけられている土地は自治体が買収できないこと、移転先の土地の地権者や相続者が行方不明等で用地取得が難航しているため防災集団移転事業が遅れている問題も生じている。

第三は、地域コミュニティの問題である。防災集団移転促進事業は経済的負担が重く、時間もかかることから、移転促進区域内から災害公営住宅への移住を希望する住民も多い。災害公営住宅予定地は買物、病院、交通など、生活の便が良い地域に集中しており、他の地域の過疎につながる恐れがある（日本経済新聞2012年10月22日）。東松山市では、被災者の仮設住宅居住期間が長期化することによりそこで地域コミュニティが形成されているが、復興（災害）公営住宅の整備にともない、再度コミュニティが分断される恐れがあるとの指摘がなされた[3]。以上を見ると、時代背景は変わるが、適地が得難いことや移転にかかわる地域コミュニティの問題等、表面的な形は変えながらも昭和三陸津波後の高台移転における問題と多くの共通点が見出される。

三陸沿岸部災害史から見た東日本大震災

これまで述べてきたように東日本大震災までの流れは、昭和三陸津波までは、高台移転が主流であったが、昭和三陸津波以降については、高台移転の効果を認めながらも総合的な対策へと移っていった。しかし、チリ津波以降は、日本の著しい経済成長や科学技術の発展とともに堤防などの構造物や警報システムに対する比重が大きくなった。地域性や重視した総合防災対策へという流れに乗りながらも、1968年の十勝沖地震津波などによって、構造物や警報システムがある程度機能することがわかると住民の防災意識の希薄化へとつながっていった経緯が見て取れる。またその間に多くの地域で市街地化も進みその傾向が加速化したなかでの東日本大震災であった。東日本大震災後は、構造物も警報システムも十分でなかった時期に出された昭和三陸津波後の総合的防災対策の流れに回帰している部分もある。その背景には、1960年のチリ津波以降に醸成された構造物や警報システムなどに対して行政側に幾許かの慢心があった部分と地域住民の過度な信頼による危機意識の希薄化があった点への反省が含まれているように見える。

2　陸前高田市の経験

次に人的被害が大きかった陸前高田市に焦点をあて、より具体的に歴史的な視点から東日本大震災を振り返ってみる。

2.1　陸前高田市と東日本大震災

陸前高田市は岩手県沿岸（三陸海岸）に所在する市町村で一番南部に位置し、隣接する都市には宮城県気仙沼市がある。北は大船渡市で、各市とも東日本大震災で大きな津波被害を受けている。2010 年の国勢調査では、同市の人口は、23,300 人、面積は 232km^2、人口密度は 100 人である。同じ三陸沿岸の宮古市の 47 人、釜石市の 90 人と比べると比較的人口密度は高い。陸前高田市の人口密集部である高田町とそれに隣接する気仙町は昔から物資と文化の交流基地として栄えた商工業地区とされた。東日本大震災では、15.8m の津波により破壊的被害を受けたのは、まさに、その地域である。

陸前高田市は、1955 年にそれまで岩手県気仙郡を構成していた高田町、気仙町、広田町、小友村、米崎村、矢作村、竹駒村、横田村が合併して市制を敷いたことに始まる。各地区の状況であるが、陸前高田市では、市の中心部を含め街の大半が被災している。陸前高田市商工会によると、市内の会員事業所 699 の約 9 割に当たる 604 事業所が被災している（河北新報社 2012 年 2 月 23 日）。市中心部において旧市役所には、十数メートルある屋上にまで津波が押し寄せ、県立高田病院では、最上階まで浸水し患者、病院職員合わせて 164 人が、屋上に取り残されている（河北新報社 2012 年 5 月 4 日）。景勝地でもあった約 7 万本の高田松原は、津波被害で 1 本を残して全て流失し、気仙町地区では、国道 45 号気仙大橋が、津波で落橋している。

2.2 開発による都市部への人口集中

表 2-4　陸前高田市各地域の死亡率

	総人数（人）A	死亡者数（人）B	行方不明者数（人）C	死亡・行方不明者数（人）B+C	率（%）(B+C)/A
矢作町	1793	18	4	22	1.2
横田町	1405	14	2	16	1.1
竹駒町	1291	38	4	42	3.2
気仙町	3480	194	65	259	7.4
高田町	7601	879	298	1177	16
米崎町	2902	82	32	114	3.9
小友町	2025	45	17	62	3.1
広田町	3749	42	16	58	1.5
合計	24246	1312	438	1750	7.2

（出典）陸前高田市役所提供（2011 年 7 月 18 日）

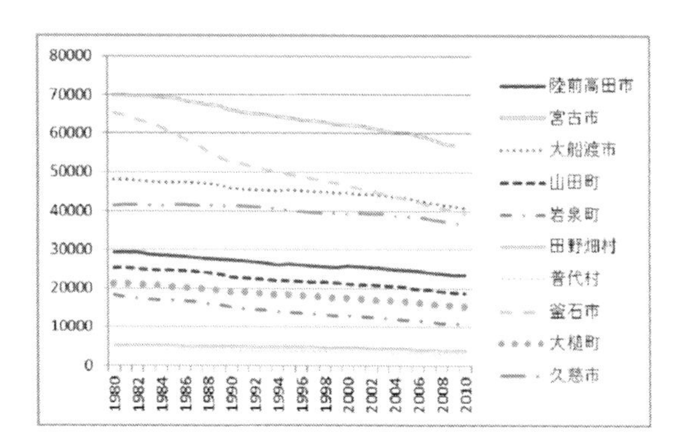

図 2-2　岩手県沿岸部各市町の長期的人口変化（単位：人）

（出典）岩手県政策地域部（2012）

表 2-5　陸前高田市高田町の人口変化

年	1896	1940	1945	1950	1954	1995	2000	2005
人口（人）	3,489	4,960	6,060	6,461	6,488	7,605	7,663	7,711

（出典）岩手県政策地域部（2012）

まず、チリ津波（1960年）以降の人口変化について概説する。**表2-4**に東日本（2011年）における陸前高田市内の各地域の津波災害による死亡率を示した。これによれば、海岸から広がる町の中心部でもある高田町の死亡・行方不明者率が約16％であり極端に高いことがわかる。

図2-2では、岩手県沿岸部各市町の1980年以降の長期的人口変化を示した。宮古市、大船渡市、及び久慈市においては、市町村合併による影響に関する補正も行っているが、これによると全市町村の 人口 が減少傾向にあり、陸前高田市についても、1980年から2010年 まで、21％人口が減少している[4]。このような総体的な 人口減少にもかかわらず、高田町の人口については、**表2-5**で示されるように増加傾向にあったことがわかる。

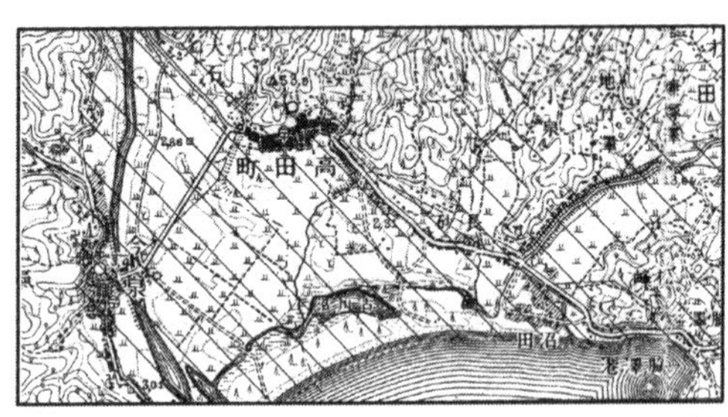

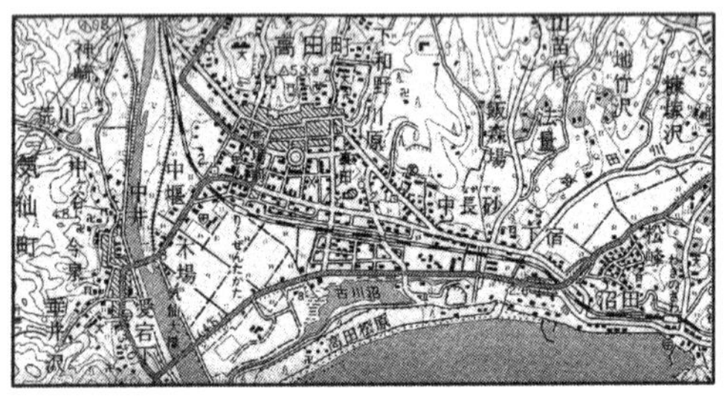

図2-3　陸前高田市市街地高田町の変遷
（山口恵一郎他 2011）
（注）上＝1913年、中左＝1952年、中右＝1968年、下＝2000年。

つぎに、この高田町の傾向を、山口他編（2011）の地形図上で概観すると、**図2-3**で示される先述した高田町付近は、1913年、1952年とほとんど住宅など建物の増加が見られないが、1968年には急速に市街地が発達していたことがわかる。さらに、検討すると1960年のチリ津波における陸前高田市の津波の被害は、死者8名、家屋全壊63戸、流失86戸、半壊129戸、その他公共土木施設、鉄道、耕地、船舶などであったが、その後、この津波災害を契機として、1961年から1966年に、チリ地震津波対策事業が実施され、堤防などが整備された。このように、海岸に臨む低地であり、過去居住者がほとんどいなかった高田町付近は、1960 年のチリ津波以降、堤防などの完成にともなって市街地が急速に発達した社会的背景が伺える。

2.3　堤防の構築と過去の経験の負の側面

表 2-6　避難の形態とインタビュー回答の概要

避難の形態	インタビューにおける典型的な回答の一部
①避難層	・気仙で育ったため津波の怖さは知っていたので、地震のあとすぐ避難した。 ・娘は会社にいたが、会社の皆で車に分乗して避難したため助かった。 ・知人が大船渡でチリ被害を受けた経験があり、そのことを思い出して地震がおきたらすぐ行動に移した。
②避難遅延層	・母は、すぐ避難せず、身支度をいろいろとしてから外に出たため亡くなった。 ・地震のあと近所の皆でどうするか相談したが、1960 年のチリ津波の経験などもあり、ここまで津波は来ないと思って、皆すぐ避難せず、近所の 10 名が亡くなった。 ・叫びながら人が逃げてくるのと同時にものすごい土煙のようなものを見て慌てて避難した。幸い家の裏が、山の斜面なのでどうにか助かった。 ・線路から内陸に津波は来ないと聞いていたので、安心していたが、土煙のようなものが見え津波が襲ってくるのが分かり慌てて逃げた。近所の多くの人は亡くなった。 ・1960 年の時のチリ津波を経験しているので、ここまで津波は来ないと思っていたので土煙が見えるまで逃げなかった。
③避難被害層	・知人は市民体育館に避難したが亡くなった。 ・知人は、近くの公民館に向かって逃げたが、流されてしまった。 ・息子は、地震のあと、すぐ近くの公民館に向かって逃げたが、そこも危ないとわかって中学のある高台へ向かい助かった。
④不避難層	・近所の数人は 2 階に入れば大丈夫だといって避難せず亡くなった。 ・知人は、家族が心配だと行って、自宅のほうに向かっていきそのまま命を落とした。
⑤避難不可層	・高齢で車いすの母を移動させている時に津波に襲われ、自分は助かったが母は助からなかった。 ・近所の家族に病気の息子がいたが、避難がうまくいかず家族全員亡くなった。

（出典）中須・倉原（2013）に加筆。

筆者は、国連関連機関の有志による調査チームの一員として、2011 年 7 月 18 日から 28 日において、陸前高田市においてインタビュー調査を実施した。複数の調査主体が同じ調査地が重ならないよう東日本大震災津波避難合同調査団内で調整した。陸前高田市及び市長の了解を得たのち、質問紙を準備しながら陸前高田市にある避難所及び仮設住宅で行った。被災者の心情を配慮し、調査はいつでも中断できるように、さらには、質問紙にこだわらず、被災者の発言は脱線しても全て聞くという姿勢で臨み、一件につき2、3時間をかけた。このように質問紙による量的調査の形態をとりながら実質は、質的調査を行い、その結果、住民37人を対象に面接調査を行うことができ、亡くなられた方55人を含む合計207人の避難行動が明らかになった。インタビューの結果、**表2-6**に示すように、①避難層が32人（約15%）、②避難遅延層、及び③避難被害層が134人（約65%）、④不避難層が37人（約18%）、⑤避難不可層が4人（約2%）に分類できた。②と③については、死者が多いこともあり、各正確な数字の区別が得られなかった[5]。

この避難行動に関するインタビューのなかで際立ったのは、回答者及び家族の行動の多くが、津波を実際に自身で確認するまで逃げなかった事実である。さらには、逃げても間に合う高台に近い位置にいた住民が助かり、高台から遠くにいた住民は命を落とすケースが多かった。

前節で示したように陸前高田市は、浸水域の人的被害率は、岩手県沿岸部の市町村のなかで最も高く、さらに筆者らが行った分析では、他市町に比べても被害拡大した市の一つでもあった。これは、津波対策事業後の特筆すべき変化として考察することができる。このチリ津波を受けてのチリ地震津波対策事業の実施は、前述した伊勢湾台風以降の経済成長とともにインフラ中心の防災対策の流れにのっていた。このチリ地震対策事業により、堤防などが建設されている。堤防の高さは、5.5mであり、1961年から1966年に事業が行われ、同市沿岸部のインフラが整ったとされている。このあと、上述の陸前高田市の中心、高田町の市街地が急速に発達することとなる。また1968年の十勝沖地震津波や2010年のチリ津波では、その構造物が機能し、犠牲者を出さなかった。この顕著な地域の社会環境の変化、津波リスクの高い地域の市街地化、人口流入、さらには、住民の全体的な防災意識の低下が、災害の素因条件として、被害拡大の素地となったと考えられる[6]。

2.4　高台移転と教訓

東日本大震災により陸前高田市の気仙町は全面被災しているが、過去の明治津波でも死者 42 人、流失 27 件の被害、昭和三陸津波では死者 32 人、流失・倒壊 102 件という大きな被害を受けた。そのため、昭和三陸津波後の防災対策で、台地状の丘陵際に 2m の盛土を行って地盤高 3.5m 以上の土地を造成し、周囲を高さ 6.5m の防波堤で囲み、86 戸 を収容することとした。明治と昭和の津波の高さが 5m 以下と大きくはなかったことがこのような選択をさせた一因であったとされている。チリ津波は高さ最大 5.2m であって直撃を免れたものの、道路の開口部から浸水している。東日本大震災では、津波の高さは丘陵際で 14m に達し、この地区内の建物は完全に破壊されている（水谷 2012, 2018）。

このように陸前高田市の事例は、東日本大震災における被害の背景の縮図ともいえる。また、陸前高田市の復興計画では、平成 23 年から 25 年度までを復興基盤整備期、平成 26 年から 30 年度を復興展開期としている。その復興計画では、災害に強いまちとして、「海岸保全施設」、「まちづくり」、「ソフト対策」を組み合わせた複合対策を図るとしている。とくに、堤防については、12.5m に設定している。景勝地としての高田松原地域については、防潮堤、海岸防災林の整備促進を図るとともに、背後地は国営等による防災メモリアル公園の設置を促進し、海と緑が織りなす松林を再生するとする。海岸地域の低地部は、東日本大震災による津波の浸水区域や防潮堤等の整備を考慮し、移転促進区域を基本的に非居住区域とするとともに、住居地域の高台への移転等を計画している。市街地については、低地部が津波の浸水を免れるように高さを確保するとし、山側にシフトした新しいコンパクトな市街地の形成を目指している。以上のように市の「複合対策」は、構造物や警報システムが整備される前の昭和三陸津波後に出された総合的な防災対策の内容が如何にすぐれたものであったか示すものであるともいえよう。

3　将来像

3.1　復興理論の視点から

災害は、地域社会の特性や傾向を加速させる。ならば東日本大震災からの復興過程は日本の地方地域の将来の形を表すということもできる。そういう視点からも東日本大震災からの復興を捉えていくべきではないだろうか。

筆者はこれまで、復興理論、具体的には、ハースら（1977）による「災害後の復興は、災害前のその地域社会の状態が反映、加速される」という理論、復興過程を、人口を指標とし考察する水谷武司（1989）、及び広瀬弘忠による、復興の進行度は「外部社会から投下される援助量」、「災害規模」、及び「コミュニティもしくは社会システムの活力（以降「社会システムの活力」）」との構成要素からなるとする理論（Hirose 1982、広瀬 1984）の検証を行ってきた。その結果、復興の度合いを示す指標として人口を用い、ハースらの理論の妥当性、広瀬の構成要素における社会システムの活力の影響をある程度示してきた。とくに、災害規模、外部からの一時的な援助の如何に関わらず、復興過程の進度は、災害前の地域社会の状態が、反映、加速されやすい傾向を見てきた（中須 2009）。さらに、同じ津波災害からの復興を示すものとして、三陸沿岸部と同様少子高齢化が進んでいた 1993 年 7 月 12 日の北海道奥尻町を襲った北海道南西沖津波災害について検討した。その結果、「災害規模」として、人的被害が、死者・行方不明者合わせて 198 人であり、筆者の分析による他の災害に比べて、人的被害は、比較的に大きく、経済被害度は小さかった。一方、「外部からの援助量」は、14.4%であり、極端に大きい数字を示した[7]。この膨大な援助額を背景に津波に対する防災対策について、高台移転を含めて十分な投資が行われた。にもかかわらず、人口の回復に関しては、災害前の 1990 年から 2009 年まで、27.4%減少している。これらの傾向は、奥尻町の人口が、1980 年 5,490 人から 1990 年 4,604 人であったようにもともと減少傾向にあり、この傾向が加速された形となっている（中須 2012, 2018）。

これまで述べてきたように、東日本大震災において、多くの市町村の過去の津波災害との社会背景の違いは、人口減少、高齢化などの人口構造の変化や経済の縮小傾向などの地域社会の状況であったことであろう。このことは復興に大きく影響してくることを十分加味しなければならない。その前提として、明治、昭和、チリ津波の後、被害と復興はどうであったか、他の地域はどうなのか、そして現在の被害と復興はどうであるかを社会背景の変化を加えて組み合わせて考えておく必要がある。

復興理論を踏まえて

これまで述べてきたように、災害は、地域社会そのものが持っている特性や傾向を明らかにするとともに、復興過程もその特性や傾向に左右されやすいということを踏まえたうえで、復興を進めていく必要がある。前に述べた奥尻町の復興過程は、高台移転を含めた今後の東日本大震被災地域社会の復興過程を考察するうえで前提として考えなければならない。このように過去の復興過程の事例を紐解くことによって我々は、多くを学べることを今一度認識する必要があるだろう。さらにいえば、今後、経済・人口的に成熟社会を迎える日本において、また地方と都市との様々な違いがより明確になっていくなかで、今回の東日本大震災の復興過程そのものが将来の日本のみならず世界の地域社会をどうするか考えていくうえでの貴重な資料となるのは間違いない。

3.2　災害史から見る東日本大震災

本章では、三陸沿岸地域を中心に、全体的な史的流れを概観したのち、陸前高田市に焦点を絞り、地域の脆弱性をもたらす時間及び空間的変化に着目してきた。そのなかで災害時の緊急対策に偏り地域コミュニティの災害脆弱性を低減させる長期的な取り組みがなされなければ、巨大災害発生の可能性は低下しないことが示されたともいえる。これは東日本大震災の教訓でもある。また、長期的な視点を可能とする災害研究は、継続されると、次なる災害対策としての研究となる。そしてその知見を地域の防災力を高める研究へとつなげれば、結果的につぎなる被災を減じることとなる。重要なのは、その知見の蓄積をいかに有効に活用するかであろう。そうすることにより、災害は、時空を超えて問題構造は類似していることを認識し、貴重な先例を活かしていくことができる。それが災害経験を無駄にしないこととなる（大矢根 2002）。本章では上記の土台として東日本大震災を災害史から見てきた。

東日本大震災、そして

東日本大震災の前まで、日本は、ソフト対策、ハード対策も経験し、強力な防災国家であると自認し、神戸に国際的な防災機関を集積、防災会議の主催をするなどこれまで国際協力の場で主導的な役割を果たしてきた。しかし、今回の東日本大震災で大きな打撃を受けることになった。アジアの諸国からは、日本がこのような悲劇を迎えたため、今まで日本を手本にしてきたが、これから、何を手本にすればいいのかという戸惑いの声が国際会議などで聞かれた。このような状況からもわかるように今日本は、この復興をどうするのか、今後どのような防災対策を進めていくのか、今まさに試されている。逆にそのような状態であるからこそ東日本大震災後の復興過程をしっかりと記録するとともにこの経験を咀嚼して後世に伝えていく義務があると言える。

復興過程を含めた防災対策は、これだけ、ここまでやればよいというものではなくそこに住む生活者の環境を中心に、あらゆる側面を考慮に入れながら、生活者、専門家、そして行政が協働で紡ぎだしていく永続的な営みであるといえよう。その際に参考となるのが、過去の災害史であることは間違いない。また現在もその歴史をつくっているという意識を忘れてはならない。

「愚者は経験に学び、賢者は歴史に学ぶ。」というが、災害史から見える東日本大震災は、もう一度この言葉を深く噛みしめる必要があることを示している。

注

1　災害危険区域とは、「建築基準法に基づき、自治体が条例を定め、住宅の建築に適さない危険な場所に対して首長が指定する。指定されると、住宅の新増改築が不可となる。しかし修繕は可能で、事務所、作業所、倉庫など居住目的でない建物も建築可能である。また、移転促進区域とは、「災害が発生した地域又は災害危険区域のうち、住民の生命、身体及び財産を災害から保護するため住居の集団的移転を促進することが適当であると認められる区域」のことである。

2　石巻市 みらいサポート石巻への 2014 年 5 月 20 日のヒアリング情報による。

3　東松山市役所への 2013 年 10 月 17 日のヒアリング情報による。

4　宮古市、大船渡市、久慈市については市町村合併を考慮にいれ推定値とした（宮古市は、2005 年 6 月 6 日及び 2010 年 1 月 1 日、大船渡市は 2001 年 11 月 15 日、久慈市は 2006 年 3 月 6 日に それぞれ合併し現在の市となっている）。

5　年齢については、回答が得られないケースもあったが、全員が 40 代以上で、性別については、37 名のうち、女性が 21 名、男性が 16 名であった。インタビューの具体的な内容は、家族を含めた生存の可否と各人の避難行動の詳細、過去の津波の経験との関連性、ハザードマップに対する認識の有無、家族内での津波に関する話し合い、自治体での避難訓練参加の有無、さらには、市や国に対する要望など、を質問しながら被災者が積極的に話す内容はすべて書き留めるようにした。本節では、そのなかの避難行動に関する内容を中心に検討した。

6　北海道十勝沖地震津波（1968 年）チリ津波（2010 年）の特徴について概説する。北海道十勝沖地震津波については、岩手県沿岸部に 4-5m（陸前高田市 2m）の津波が来襲したが干潮であったことと津波対策事業による堤防の効果もあり、人的被害はなかった（内閣府中央防災会議 2010）。2010 年のチリ津波については、陸前高田市については本文で示したような社会背景があった。また津波高については、内閣府によると陸前高田市で 1.9m であり、人的被害は出ていない。チリ津波の経験から、「高田町の中心部には津波はこない」。すなわち、「線路 からこちらへはこない。」という認識を持つようになったと推定できる多くの証言がインタビュー調査によって得られた。

7　援助量については、即時的な援助量として、義援金の総被害額に対する割合を目安とした。災害の規模としては、主に、人的被害及び経済的な被害に着目した。経済被害については、被害額 / その年の名目 GDP を指標とした（中須 2009）。

引用参考文献

岩手県警「東北地方太平洋沖地震」岩手県の死者人定情報（名簿）（http://www.pref.iwate.jp/~hp0802/oshirase/kouhou/saigaijyouhou/20110311.html、最終閲覧日：2011 年 12 月 3 日）。

岩手県政策地域部　調査統計課『いわての統計情報』（http://www3.pref.iwate.jp/webdb/view/outside/s14Tokei/top.html、最終閲覧日：2014 年 8 月 3 日）。

いわて復興ネット（http://www.pref.iwate.jp/~hp0212/fukkou_net/、最終閲覧日：2014年2月10日）。
岩手防災情報ポータル（http://www.pref.iwate.jp/~bousai/、最終閲覧日：2014年8月3日）。
宇佐美龍夫 2003『最新版　日本被害地震総覧　416-2001』東京大学出版会。
大矢根 淳 2002「災害社会学の研究実践～『時空をこえた問題構造のアナロジー』を把握するフィールドワーク（比較例証法）」『専修社会学』No.14。
小野裕一・澤井麻里・中須正・萩原葉子・三宅且仁 2011「報告書　陸前高田市における東日本大震災大津波来襲時の住民行動――将来の防災へ向けて――」。
建設省国土地理院 1961「チリ地震津波調査報告書」。
国土交通省 2015 津波防災地域づくりに関する法律（http://www.mlit.go.jp/common/000190963.pdf）。
後藤洋三・中須正 2017「地域の津波避難脆弱性を評価する指数の提案と検証」『日本地震工学会　論文集』, Vol.17, No.2, pp.158-173。
杉戸克裕 2012「昭和三陸津波」農林水産政策研究所『過去の復興事例等の分析による東日本。大震災復興への示唆：農漁業の再編と集落コミュニティの再生に向けて』。
総務省消防庁「東北地方太平洋沖地震（東日本大震災）被害報」（http://www.fdma.go.jp/bn/higaihou.html、最終閲覧日：2012年2月3日）。
内閣府 2011-12『防災白書（平成23,24年度版）』（http://www.bousai.go.jp/kaigirep/hakusho/index.html、最終閲覧日：2015年5月3日）。
内閣府中央防災会議 2010「構造物主体の津波対策の確立とその後」『災害教訓の継承に関する専門調査会報告書　1960　チリ地震津波』pp.154-188。
内閣府中央防災会議 2011「東北地方太平洋沖地震を教訓とした地震・津波に関する専門調査会　第5回　配布資料（2011.07.10）」。
内務省大臣官房都市計画課編 1934「三陸津浪に因る被害町村の復興計画報告書」。
中須正 2009「復興は災害にあう前から始まっている」『都市問題』100巻12月号、東京市政調査会。
中須正・田中茂信・三宅且仁 2011「津波災害からの復興過程と地域社会：三陸沿岸部の高地移転」『土木学会年次学術講演会概要集』, pp.67-68。
中須正 2012「復興理論と東日本大震災」『雑誌河川』pp.94-99。
中須正・倉原宗孝 2013「災害調査と東日本大震災」『社会と調査　第10号』有斐閣, pp64-69。
広瀬弘忠 1984『生存のための災害学――自然・人間・文明』新曜社。
復興庁 2015「公共インフラの本格復旧、復興の進捗状況④（平成27年3月末時点）」。
水谷武司 1989「災害による人口減少、移動及び回復のプロセス」『地理学評論』62A-3。
水谷武司 2011「2011年東北地方太平洋沖地震の津波による人的被害と避難対応」『主要災害調査48』pp.91-103。
水谷武司 2012『自然災害の予測と対策：地形・地盤条件を基軸として』朝倉書店。
水谷武司 2018『東京は世界最悪の災害危険都市――日本の主要都市の自然災害リスク』東信堂。
文部省震災予防評議会 1933「津浪災害予防に関する注意書」。

山口恵一郎・清水靖夫・佐藤侊・中島義一・沢田清編 2011『日本図誌体系、北海道・東北Ⅱ（普及版）』朝倉書店。
山下文男 2005『津波の恐怖－三陸津波伝承録－』東北大学出版会。
横山勝英 2014「地域の実情に即した防潮堤計画を」（http://www.47news.jp/47gj/furusato/2014/03/post-1058.html、最終閲覧日：2015年5月3日）。
陸前高田市 2015 陸前高田市復興計画（http://www.city.rikuzentakata.iwate.jp/kategorie/fukkou/fukkou-keikaku/fukkou-keikaku.html、最終閲覧日：2015年5月3日）。
Gilbert F.White J.Eugene Haas et al., 1975, Assessment of Research on Natural Hazards, The MIT Press, p.487.
Hirose. H, 1982, Community reconstruction and functional change following disaster.Disaster Research Center. The Ohio State University. Preliminary Paper.
Nakasu.T, Ono.Y, Pothisiri.W, 2017, Forensic investigation of the 2011 Great East Japan Earthquake and Tsunami disaster: A case study of Rikuzentakata, Disaster Prevention and Management: An international Journal, Vol.26, No.3, pp.298-313.
White.F.G, Haas.E.J, 1975, Assessment of Research on Natural Hazards, The MIT Press, p.487

第3章　“住まい”と“暮らし”のコミュニティ再編をめぐって

――宮城県石巻市北上町における震災復興の取り組みから――

黒田 暁

1　生活の再生と回復への道のりとは

2014年5月、宮城県石巻市では初めてとなる集団移転の新たな宅地が、北上町のある地区に完成し、住民6世帯に引き渡された。人びとは翌月からそれぞれ家屋を建て、2015年までには揃って移転地での新たな生活を始めることとなった。もともとこの地区には、23世帯から成る集落があった。しかし2011年3月の東日本大震災の発生直後、北上川河口から津波が遡上し、堤防を遥かに乗り越えて襲来したことによって、集落の家屋はすべて流されてしまい、犠牲者も多く出た。

震災から4年後に集団移転が完了したというのは、宮城県あるいは東北地方全体から見ても最も早い部類に入る。北上町の10箇所で行われている集団移転の事業のなかでも、一番早かった。ところが、現地で聞こえてきたのは、「遅い / 遅かった」「遅れている」との声がもっぱらであった。実際、4年の間にこの集落の世帯数は、じつに四分の一ほどに減少してしまった。この間、北上町を出て行って他の地域に居を移した人びと、家屋を自力再建する人びと、北上町内の他地区の集団移転に参加する人びとなど、さまざまだった。

この集落の住民のKさん（60代男性）は、「集団移転や、今まで住んできた場所をどうするかということが、こんなに長くかかってしまうとは思わなかった。ここ（集落）も、移転場所を選定しようとするときには15世帯ほどが残っていたんだが、かなり減ってしまったものだ」（2014年8月のヒアリングより）という。移転地に移る段階で、6世帯の人びとは、新たに「自治会」を立ち上げ、移転地には集会所も建てられた。少ない世帯数でも新しいコミュニティとして、これから集会所の共同管理運営などを手掛けていかねばならない。住み慣れた土地が「災害危険区域」となり、集団移転を余儀なくされた人びとの集落に、4年の間にいったい何があったのだろうか。集団移転をめぐる4年という月日は、「早かった」のか、それとも、「遅かった」のか。政府は、2011年7月に策定した「東日本大震災からの復興の基本方針」において、2021年度までの「復興期間」を設定し、とくに復興需要が高まるとされた2015年度末（2016年3月）までの5年間を「集中復興期間」と位置づけた。本章では、この「集中復興期間」の5年間で各地の「復興」がどこまで進み、また何が滞っていたのかについて、北上町の集団移転を事例として検証してみたい。

津波被害によって家屋を失った地域住民にとって、住居を再建するというのは、たんに別の場所で新たに家屋を建てたり、被災前に居住していた場所に家屋をもう一度建てなおしたりすることにとどまらない。というのも、震災をきっかけに地域から離れざるをえない人びとも、地域に踏みとどまろうとする人びとも、家屋の再建以上に、広い意味での居住環境を再構築しなければならない――つまり、“住まうこと”と“暮らすこと”の再生の問題となっているからである。

考えられるいくつもの再建の選択肢のうち、多くの地域で津波の被災地を避け、集落全体が高台の地区に移転するという取り組みが進行していった。その際、政府による支援制度である「防災集団移転促進事業」（「防集事業」）や「がけ地近接等危険住宅移転事業」（「がけ近」）を利用すると、以前の場所には住めないなどの制約がある一方で、住宅再建にさまざまな支援を受けることができる。しかし、こうした制度と人びとの生活の実情にはギャップがあったり、移転地の造成・整備に時間がかかることによって、個々人の選択とコミュニティの存続や復興との間にズレが生まれたりと、さまざまな課題や軋轢が生じた。この集団移転においては、被災前の集落と移転後の集落が必ずしも一対一で対応しているわけではなく、従来の集落の住民が複数の移転先に分かれたり、複数の集落が1つの移転先に新しくまとまったり、というコミュニティの再編をともなっている。またその一方で、もともとあった高齢化や過疎化といった地域課題や、震災直後に住居を自力で修繕したなどの事情から、こうした事業・制度の利用をためらったり、集団高台移転事業への参加自体は決めているものの、迷いがあったりする人びとも存在した。

このように、震災から6年以上の月日が経過しようとしている現在に至るまで、「移転を余儀なく」され、仮設住宅で待機せざるを得なかった人びとの"住まい"の復興に対する思いや意思決定が揺れ動き続けてきた。そこで本章では、"住まい"の復興には何が必要とされてきたのか、どのような活動や実践が試みられてきたのかを明らかにする。集団高台移転を中心とする「震災復興」のあり方を問い直し、"住まい"を通じた"暮らし"の再生（回復）への道のりを示したい[1]。

2 「震災復興」としての集団移転事業のありよう

復興の"フルメニュー"

東日本大震災によって生じた各地の甚大な被災状況を受けて、各自治体では復興基本計画の作成と復興交付金による事業計画が急ピッチで進められてきた。たとえば宮城県石巻市では、2011年12月に震災復興基本計画が制定された。2005年に広域合併した石巻市を総合支所単位で7つのエリアに分け、復興整備方針を示した。「災害に強いまちづくり」「産業・経済の再生」「絆と協働の共鳴社会づくり」を基本理念として、おおむね10年後の2020（平成32）年を復興の目標と定め、復旧期（3年間）、再生期（4年間）、発展期（3年間）を計画期間としている（石巻市復興政策部）。こうした計画において、被災地の復興政策の軸となるのが、(1) 防潮堤の建設、(2) 防災集団移転促進事業（以下、防集事業）ないしは被災市街地の嵩上げ・区画整理事業、(3) 幹線道路の嵩上げであり、いわゆる基盤整備系の"フルメニュー"とされる一連の施策である（佐藤2012）。

とくに津波被害の大きかった東北地方の太平洋沿岸部では、海に面した漁村の形態をとる小規模な集落が多かったこともあり、高さ10～14mにも及ぶような防潮堤と防集事業がセットになった復興計画が立てられた。2011

年度の国の第三次補正予算では防集事業、区画整理事業のための復興交付金がおよそ1.6兆円計上され、移転そのものに係る全額を国庫負担とすることとなった[2]。

しかし、こうした基盤整備系の大型施策に重点が置かれる一方で、被災者の暮らしや被災地に対する制度的な財政支援と、その計画的な位置づけは、後回しにされがちであった。つまり、復興計画においては「安全」が強調され、対策が急がれた結果、人びとの生活全体の復興という視点が疎かとなっていった。防潮堤や防集事業が先にありきの施策が、マクロ行政レベルから一方的にもたらされることに対する批判も展開されてきた（たとえば、山下2013)。「地域ごとの持続可能な復興計画」の足並みがそもそも揃いがたいことに加え、被災した地元自治体による「復興」に対する思惑や取り組みが、「上からの復興」によっていつでも足元をすくわれてしまいかねない。とくに防集事業においては、集団移転＝安全、という防災の観点のみの事業がトップダウンで降ってくることによって、住民の生活と住居、コミュニティが分断されてしまう可能性や、集団移転に参加しないという決断を下した住民が疎外されがちであることも指摘されてきた（たとえば、室崎2011)。

これらの指摘は、復興政策やその構造の批判的検討においては、一定の切れ味をもつ。しかしながら、各地で実態として行われてきた集団移転の取り組みや当事者にとっては、たんに「上からの復興」を批判して「下からの声」を上げていけばいい、という問題ではない。いま目の前にある計画を進めねばならない、当座の生活をなんとか組み立てていかねばならない、という「やむにやまれず」の実情がある。したがって集団移転をめぐっては、関係する諸アクター（主体）が、いま実際に何を必要としており、しかし何に絡め取られてしまっているのか、またそれをどうやって乗り越えるべきなのか、という問いかけと実践こそが重要となるだろう。

集団で移転するということ

防集事業とは、2011年6月に行われた東日本大震災復興会議の「復興への提言」と、その翌月に示された「“最大級の津波”を想定する復興基本方針」

において提示された復興計画のひとつである。しかしそのルーツをたどると、もともとは1972（昭和47）年の豪雨水害を契機に「防災のための集団移転促進事業に係る国の財政上の特別措置等に関する法律」として制度化されたものであり、従来はおもに防災ではなく過疎対策の手法として、集団移転の促進が実践されてきた経緯があった。さらに防集事業の実績の多くは、山間部の土砂災害危険地帯において積まれてきており、東日本大震災のような大規模かつ沿岸部の被災地に対する適用は、想定外であるとも言える。2004（平成16）年の中越地震の際、とくに中山間地域では小規模集落が増加しており、移転も小規模のものが想定されたことから、移転先の住宅団地規模が、最低10戸以上から5戸以上に特例的に緩和された[3]。

防集事業を実行する際には、移転戸数の要件に加え、当該地区が「災害危険区域」に指定されている必要がある。災害危険区域に指定されたエリアにおいては、住居の建築は禁止される[4]。したがって、家屋が残っていようがいまいが、その区域の人々は今後の危険の程度を判定され、その危険性について周知された上で集団移転を検討する。そして決断した後も、住宅建設資金の調達や移転後の生活確保など、数多くの課題を同時に抱えることとなる（水谷1982）。

防集事業による集団移転が東北地方全体で229地区計画（復興庁2012年末時点）され、そのための合意形成が各地で図られるなか、コミュニティの合意形成のマニュアルや手順のノウハウが一程度蓄積されつつある。たとえば、宮城県気仙沼市小泉地区は、地元住民が主体的に合意形成を進め、専門家や行政と柔軟にかかわりながら素早く高台造成まで漕ぎつけた「成功事例」として知られる（株式会社小泉地区の明日を考える会2013）。さらに小泉地区の事例の下敷きとなっているのが、合意形成にかかわる建築学、都市計画学といった領域の専門家が、住民の声を聴き、住民の合意に基づくコミュニティのボトムアップ型で建築やデザインを行うという潮流である。こうした移転の合意形成の手続きや手法が蓄積され、そこに多様な主体がかかわっていくことは、合意形成の実践面から見ても望ましいとされる。

しかし、実際には各地でマニュアルやノウハウが通用しないケースも報告されており（日経アーキテクチュア 2012)、当然のことではあるが、「成功事例」がそのまま合意形成に普遍的に当てはまるものではない。合意形成のマニュアルやノウハウは、震災後の変動によって生じる合意に至りにくい複雑な状況下では、あっけなく無力に陥ってしまうこともある。むしろ合意形成がしにくい / できない背景を探り、そのプロセスからこぼれ落ちていってしまうものを拾い上げていくことも重要だろう。

空間と時間の変化

このように、「集団で移転する」こととは、当事者の多様な被災状況と、今後の “住まい” にかかわる多岐にわたる選択肢のなかにある。それに対し、震災復興におけるコミュニティが「守るべきもの」とされ注目される一方で、その基盤となるはずの社会関係とその「再編」の動向が取り上げられることは少ない。大規模複合災害として位置づけられる東日本大震災においては、もともと震災以前から人口減少・高齢化傾向が顕著であった東北地方の地域社会の状況を踏まえる必要がある。したがって、震災前と震災後の連続性という観点から、「復興」の複雑な動態と、その変化のプロセスについて見ていく必要がある（木村 2013)。とくに、集団移転における変化とは、土地が造成され、人びとがそこへ移り住めば終わるという「空間の変化」のみを意味するものではない。津波による “住まい” と “暮らし” の崩壊は、「過去・現在・未来の連関のなかでの継続性の破壊」（平山ら 2013）と表現できるように、人びとの日常生活に、あるいは家族のなかで流れていた「時間」すら、断ち切ってしまう。切断された「時間」は、どのようにして回復され、ふたたび未来へと接続されうるのだろうか。移転にともなう「空間の変化」に加えて、「時間の変化」という軸を組み合わせることによってはじめて、集団移転のプロセスが立体的に見えてくるだろう。

以上の視点をもとに、宮城県石巻市北上町を襲った津波の被害状況と、震災後の集団移転の展開を追ってみよう。

3　宮城県石巻市北上町と東日本大震災

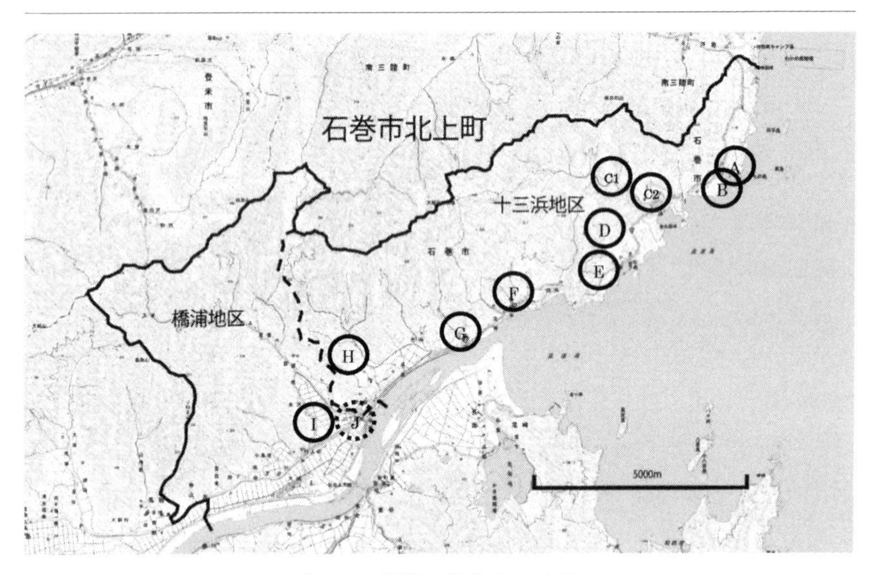

図 3-1　石巻市北上町の地図

(注) A～Iのアルファベットは後述の集落移転地・仮設団地箇所を示す。
(出典) 国土地理院「2011（平成 23）年東北地方太平洋沖地震対策要図」をもとに作成。

「津波の引き潮で、海の底が見えた」「港の内側が渦を巻いて、津波にさらわれた家々が浮いて、ぐるぐる回っていた」「家が仮装行列をなすように、流れていた」「一気に『壁』が来た。気づけば首まで津波に浸かっていた」「家の中に津波が押し寄せ、水と家の天井の隙間 30 センチほどの空間で必死に呼吸をした」宮城県石巻市北上町の人びとは、信じられないような光景や体験として、2011 年 3 月 11 日の「大津波」について証言する。

宮城県北上町は、2005 年に石巻市と合併し、宮城県石巻市旧北上町となった。石巻市市街地から北東部に位置し、おもな地域の産業は漁業・農業・建設業・サービス業であり、石巻市市街地への通勤者も多い。総人口は東日本大震災直前（2011 年 2 月）の段階で 3,896 人だったが、そのうち 65 歳以上が人口の 30％以上を占めており、高齢化が進んでいた。北上川河口から内陸部分に位置し、農業(水田・畑)を中心とした生業が組み合わされて生活が営まれてきた橋浦と、北上川河口から海側部分に位置し、おもにワカメ・コンブ・ホタテ等の養殖を軸とした漁業を営む十三浜から構成される。橋浦・十三浜両地域ともに数戸の小規模なものから、最大100戸前後のまとまった集落(行政区)が、北上川河口部から追波湾にかけて点在していた(**図3-1**)。

津波被害の多層性・多重性

北上町では、東日本大震災によって生じた津波災害によって直接死192名、関連死7名、行方不明者69名の犠牲者が出た[5]。人口のおよそ1割に迫る数の人命がうしなわれるという、東北地方のなかでも甚大な被災状況となった。とくに津波が北上川河口を遡上し、河口地域より内陸部分に位置する地区を次々と呑みこんでいったことで、被害はさらに拡大していった。人びとにとって、津波によって受けた「被害」とは多層にわたるものでもあった。人命に加えて、家屋もそのほとんどが津波被害を受け、全壊が633棟、半壊や一部損壊となったのが463棟であり、被害がまったくなかったのは55棟のみであった。また、隣り合う集落で、あるいは同じ集落のなかでも、津波の濁流が押し寄せた方向の関係で、家によって被害の程度が異なっていた。ある家は跡形もなく流されても、その隣の家は少し高台にあったので残ったという例もあった。家が残った場合でも、床下あるいは床上まで浸水した程度によって、修繕すれば住めるのかどうか、が変わってくる。世帯によって、被災の度合いは違い、また、職業や家族構成も違うのだから、人びとが置かれた状況は、より複雑になっていった。

さらに各地区の農器具や農業機械、ビニールハウス、船舶や漁業の作業小屋、ブイや網やロープといった生業にかんする施設・道具類の多くも失われたが、これらの被害（額）は、数字上明らかになってさえいない。水田や畑などの農地のほとんどは冠水して塩害が出るなどして、生産を一時ストップせざるを得なかった。こうした損失によって生活全般が受けたダメージは計り知れず、その「被害」の範囲は幾重にも及んだ。東日本大震災の1つの大きな特徴として、広範囲かつ複合的な「被害」をもたらしたこと、さらにその「被害」が持つ多様性と多層性が挙げられる（関谷 2012）。一人一人が経験している「被害」も異なれば、「被害」に関する認識もまた多様となってくる。

住居を失った多くの住民は、仮設住宅に移った。2017年7月現在、北上町の仮設住宅（団地）は地域内に3つあり、今も存続している。橋浦と十三浜の境界あたりに位置し最大178戸473人が居住していたもっとも大きな仮設団地Dの他に、40戸112人、13戸41人が暮らしていた十三浜の2つの仮設団地がある（2013年末時点）。

北上町における防集事業の展開

そうしたなかで、石巻市北上町の各集落・地区で津波被害に遭い、仮設住宅に暮らす人びとの今後の住宅再建に関しては、まず大きく3つの選択肢が想定されることとなった。すなわち、(1) 防集事業（ないしは復興公営住宅）に参加する、(2) 移転事業に参加しない（地域から転出する）、(3) 移転事業に参加しない（自宅の自力修繕含む残留）の3つである。さらにその際、津波被害を受けた居住地が災害危険区域に指定される（見込みである）か、されないかによっても選択の振り幅は大きく変わってくる（**図 3-2**）。

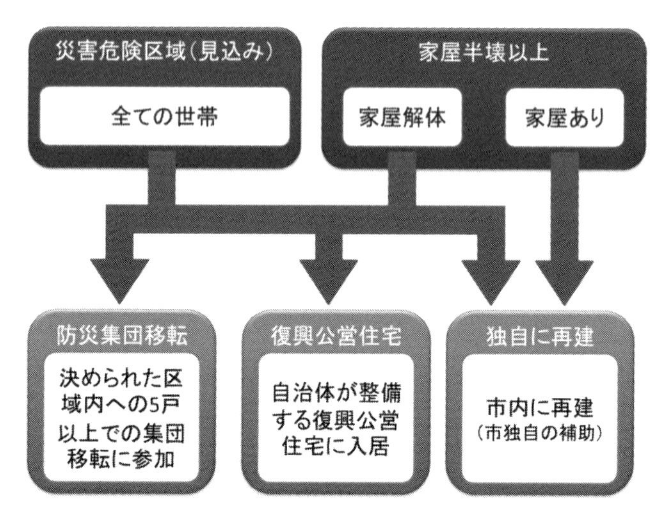

図 3-2　公的支援による被災者の住宅再建の選択肢（石巻市：～2012年11月）
（出典）『市報いしのまき 2013年2月15日号』より作成。

実際の公的支援としては、生活再建支援金として基礎支援金ならびに加算支援金、金銭的支援としては住宅ローンに対する助成、引っ越し費用などに対する助成、被災居住地の買い取りなどが設けられている。また、一般的な住宅再建方法としては、他に地盤の嵩上げなどによる再整備（土地区画整理）事業も想定される。

このような制度を受けて、住民が防集事業に参加する、という決断をする。集落として実行する際の重要なポイントとしては、(1) 事業が居住者自身の生命の保護にかかわり、建築費などの費用負担が課されるという点からあくまで強制力のない任意事業であること（由喜門 2015）、(2) 自主性を重んじる制度に基づき、関係する被災者の理解と納得が不可欠となること（津久井 2012）がある。そのうえで地域内での「合意形成」が課題とされ、3つの段階で取りまとめる必要がある。まず「災害危険区域指定の合意」である。災害危険区域ならびに移転促進区域の指定を受けることで個人の私権は大きく制限されるが、その代償として移転にかかる費用の補助や、区域内の宅地および農地などの買い取りを受けることができる。具体的には、被災居住地の土地を売るか売らないか、という判断である。石巻市では、2012年12月に災害危険区域が指定された。

次に、「集団移転に関する合意」である。地方自治体（地元役場）は、移転地の高台を確保（地権者とのやり取りを）するが、前述のように集団移転に関する意思決定はあくまで住民自身が自発的に行うこととされている。防集事業に参加するか、しないかを地域内で取りまとめ、移転に関して国土交通省大臣の同意を得る必要がある。地方自治体は、移転先を造成するなどして用意し、その造成地を住民が買い取るか借りて、住宅は住民自身が建設することとなる。

その段階まで決まるといよいよ「集落や家のデザインに関する合意」を行う。専門家のファシリテーションを受けながら、住民同士が話し合って高台に造成する新しい集落の細かい部分や共同施設について詰めていくことが想定されている。話し合いは、個々の住宅をどこにどう配置するか、という細部の調整から、総合的な「復興まちづくり」のデザインの領域にまで及ぶものとなる。

北上町では、2011年5月に十三浜の住民らが初めて集団高台移転の団地造成を求める要望を石巻市に提出した。それを受けて同年7月から、石巻市側から数回にわたって説明会が設けられ、10月からは合意形成のための話し合いが開始された。話し合いは基本的には集落ごとに、ときには複数の集落の「若者」による話し合いが呼び掛けられたり、十三浜中から「女性」を集めて行われたりなど、さまざまな形態で催された。話し合いが重ねられるなかで、2012年3月には十三浜のE集落の集団移転計画に対し、宮城県内では初めて国土交通省大臣の認可が下りた。翌月には同じ十三浜のB集落にも認可が下り、その後2012年度内には、橋浦の集落も含む他の6つの集落も続けて認可を得た。

地域に残るか、転出するか

こうして北上町における集団移転は、集落ごとの話し合いを経て、そのうちいくつかの集落が、宮城県のなかでも最も早い時期に「災害危険区域指定」ならびに「集団移転」の「合意」に至った。人びとの「地域に残る」という決断は早かった。用地の選定も行い、あとは高台地の造成を持ち、「集落や家のデザインに関する合意」の段階へと進むものと思われた。ところが、実際にはそれから1年余りの2013年3月、3つの集落で防集事業における高台の造成が着工され、さらにそれから1年が経った2014年に至って、冒頭で触れたように、ある集落でようやく造成工事が終了し、住民に用地の引き渡しが行われたのである。そのまま家屋の建築が早く進んだ集落もあった一方で、高台の造成が終わるのを待ち、引き続き地域内での合意形成を図り続けた集落もあった。この間、いったん「地域に残る」と決めた人びとのなかでも、状況や事情が変わって地域を転出するケースが相次いだ。残った人びとの仮設住宅での生活も、5年目以降を迎えることとなった。

なぜ、比較的早い時期に集落ごとの合意を得たはずの集団移転が、震災から数年経っても遅々として進まず、住民による“住まい”と“暮らし”の再生が覚束ないままだったのだろうか。また、時間が経過するなかで、地元ではそのことをどう受け止め、具体的にはどのような変化が起こっているのだろうか。

4 集団移転の実態と、当事者の “声”

集団移転の実態について、2011年から定期的に行っている集中ヒアリング調査[6]の結果から追ってみる（**表 3-1**）。ここでは、集団移転にともなって生じた課題を、4つの集落における代表的なケースとして取り上げる。まずB集落やE集落、I集落に関して見られた、地域内の合意がいち早く取りまとめられたケースについてである。これらの集落は、結果だけ見れば、高台の造成工事も終わり、住民への宅地供給がすでに行われた地域である。しかし、そこには合意が早く取りまとめられたがゆえの葛藤があった。次に、F地区やG地区、H団地のように、複数の集落出身者が集まって新たに移転

表 3-1 石巻市北上町における防災集団移転促進事業概況（石巻市北上町）

地区名	概略設計計画戸数	希望戸数（2012年度）	希望戸数（2013年度末）	希望戸数（2014年度末）	入居戸数（2017年7月）	事業進捗状況
A	10	3	5	3	4	2015年11月宅地供給開始
B	20	12	10	11	12	2014年9月宅地供給開始
C1	18	8	10	12	11	2016年2月宅地供給開始、未登録区画1
C2	7	17	9	11	9	2017年6月宅地供給開始
D	79	63	48	52	49	2017年3月宅地供給開始、未登録区画4
E	15	20	12	17	17	2014年9月宅地供給開始、未登録区画1
F	50	44	24	22	21	2016年4月宅地供給開始、未登録区画2
G	34	16	15	12	12	2015年7月宅地供給開始
H	175	96	95	83	74	2016年4月宅地供給開始、未登録区画9
I	19	12	6	6	6	2014年6月宅地供給開始
合計	427	291	234	229	215	

（注）戸数には災害公営住宅数も含む。A集落は戸数が少ないため、隣接したB集落に付属した扱いとなっている。D地区では2つの集落が隣接した別の場所に移転するが、事業としては1か所の扱い。
（出典）事業にかかわる資料ならびにヒアリング調査から著者が作成。

コミュニティを再編するケースである。逆にC集落では、当初はまとめて一か所に移転するはずが、途中で分裂して複数に分かれてしまった。最後に、災害危険区域に指定されながらも集落に対応した防集事業が計画されず、人びとが住み続けざるをえなかったJ集落が、集落解散という決断をしたプロセスについて、集団移転との兼ね合いから注目する。

E集落：もっとも早かった合意形成

北上町十三浜のE集落は、漁業者（専業6軒）を中心とする28世帯（震災直前時点）から構成される集落で、震災後世帯数は減ったが、早い段階から集団移転事業の実施に向けて動いた。2012年3月には、東日本大震災の被災地の中で最も早い段階で国土交通省の大臣同意を取りつけ、集団移転の実施設計の段階に入った。高台の用地選定やその交渉段階も住民が主体的に取りまとめ、ワカメの養殖漁業の再開も2011年度内と早かった。元行政区長のLさん（70代男性）が、「ここは、十三浜の中でも契約会（自治組織）の絆が強いほうだ。だから（集団移転に関しても）まとまりがよかった」（2013年7月のヒアリングから）と話すように、宮城県でも初の移転事例として、「集団移転の先駆例、モデルケースになってほしい」（北上総合支所地域振興課）と期待されていた集落だった。

ところが、2012年8月、E集落の住民15名（15世帯代表）が、移転地の宅地、道路などの造成デザイン案を受けて、仮設住宅集会所でワークショップを行った（河北新報2012年8月25日）が、そこで思わぬ展開が見られた。移転地の造成の開始が2013年3月以降になる見込みが示されたことに対し、住民から強い不満の声が上がったのだ。実際造成工事は2013年3月には開始されたが、E集落のMさん（40代男性）は、不満の内容について、「集団移転の合意形成は早かったが、その後高台の造成開始には1年半かかり、その間行政からの連絡はほとんど来なかった。憶測や噂が飛び交い、移転に参加する予定から抜けてしまう人がいた。行政からの連絡が欲しかった」と振り返る（2013年8月のヒアリングから）。合意形成が順調に進んでいたところも、2012年になると一時防集事業が前に進まなくなった。それは、防集事業の実施主体が、2011年度までは国の直轄であったのが、2012年度からは石巻市となり、それに関する手続きで空白の期間ができてしまったことによるものだった。しかし当時そうした状況や事情は、住民にはほとんど伝わっていなかった。

養殖漁業を営む世帯は、2011年冬の段階からワカメの生産を再開して漁業の復興に取り組んでいたが、防集事業と住居の再建が停滞するなか、人びとは2013年になって、災害危険地域に指定された売却予定の従前の土地に、漁業の作業小屋を建て始めた。漁業の便宜を図るためとはいえ、それらが恒常的なものとなれば、災害危険区域の売却があちこち穴あき状態になっていく可能性もあった。「とにかく家が決まらないことが一番心配なんだ。このままではそうこうしているうちに、半分以上の家が（E集落から）出ていってしまうのではないか」（同上のヒアリングから）とLさんが話すように、いち早く「合意」に至ったものの、居住が定まらないことと、生業の復興との兼ね合いで、E集落は揺らぎ続けた。

F地区：複数の集落と祭礼文化の合流

十三浜のF地区には、1960年代までは年間1万人を超える海水浴客を集めたといわれる延長200メートルほどの砂浜がある。東日本大震災の津波によってほぼすべての家が押し流されたことを受けて、高さおよそ8.4メートル、総延長約1250メートルに及ぶ防潮堤が砂浜に沿って造られた。震災前はおよそ40戸165人が寄り添い、専業5戸を含む漁業が中心だったF集落に、隣接していた十三浜の他の2つの集落から、数世帯が移転に合流することとなった。他の2つの集落のうち1つは震災を機に集落が解体され、自治会である契約会も解散した。もう1つの集落出身のNさん（60代男性）は集団移転について、「移転地内でもまとまって元の集落の人で住むようにしてはどうかという考えもある。しかし、長期的には一つの集落としてなじんでいくようにしなければならないとも考えている」（2012年8月のヒアリングから）という。

集団移転を機に複数の集落が合流することに対して、人びとが気にかけているのが、地域の祭礼文化をどうするかという点だ。F 集落と他の 2 つの集落では元々それぞれの集落にある神社の祭礼に力を入れていたが、その形式や祭礼の時期は異なっていた。2013 年 5 月に行われた F 集落のワークショップでは、合流後の祭礼の形については、集落ごとの神社、しきたりがあり、集落の神社をどうするのかを先に決めていく必要があること、また神社ごとに祭神が異なるため、一つにするわけにもいかないという点が確認された。これについては北上総合支所の地域振興課も「F 集落を中心に 3 つの集落が 1 つになるが、それぞれお祭り（祭礼）を大事にしていて、神様も祭礼の時期も異なる。これをどうすればいいのかは、答えが無い状況。これまでにないこと」と認識している。実際には「移転してから考えていくしかない」というのが地域におけるとりあえずの共通認識だが、F 集落では移転先用地の登記が複雑で大量の相続人が発生してしまい、その問題の処理などに時間が掛かるうちに、2012 年 4 月（44 戸）から 2013 年 3 月（24 戸）までのほぼ 1 年で、移転希望戸数はおよそ半数に減ってしまった。複数の集落が合流して新たに移転コミュニティを再編する場合、総じて合意形成に時間がかかり、防集事業の進捗も遅れ気味となっていった。

C 集落：集団移転の分裂

震災前、十三浜の中で最大の 83 世帯が暮らしていた C 集落では、かつて 1933（昭和 8 年）の昭和三陸地震と津波によって、十三浜村（当時）の中でも最も大きい被害を受けた経緯があり、その直後に集落内の高台地を切り拓いて一部住民が移り住んだ。いわば集団移転の先駆例を経験しており、その高台地には現在でもおよそ 35 世帯ほどが居住している。世帯数も多く、震災前は「十三浜の中心地」とされていた。専業漁業者は数世帯のみで、石巻市中心部へ通う勤め人がほとんどを占めていた。

海に面した低平地にあった家屋のほとんどが津波によって全壊流失し、震災後、住民の多くは最長 3 か月超の避難所（地元の保育所）生活を余儀なくされた。そこでは住民同士、沢水を引いて簡易水道を通したり、薪を利用してカマドで火を起こしたりと、「チームワークも抜群で、助け合いの精神で動いていた」（40代男性Oさんの2012年8月のヒアリングから）ことが地域のなかでも後から振り返ってよく語られている。集団移転に関しての話し合いを始めたのも早く、2011年5月には、十三浜で移転の要望をC集落が中心となって取りまとめるかたちで、石巻市に提出した。しかし移転候補地の高台用地造成の条件が折り合わず、二転三転するうちに、後から地権者の同意が翻るということが生じた[7]。

こうした用地の取得の問題は、防集事業の性格にも由来している。各地方自治体は、地権者から土地を買収してから、そこを宅地として造成する。また、関係者の同意を得て任意に行う事業であるため、土地の強制収用はできない。そのため、事業に必要な用地をあくまでも地権者からの同意を得て買収する必要がある。しかし、地権者の同意が得られない場合は、移転の設計自体を見直さざるをえない。また、移転地の候補となる山林部分の正確な登記がなされていないこともある。買収のためには、まずその整理から始めなければならない例も各集落で見られた。

C集落では移転候補地が2つに分かれた。そこから地域を出ていくという判断を下す人数も増えていき、さらに、隣接して親戚縁者も多い関係にある集落が主体となった別の集団移転に合流する人びとも出てきた。結局C集落は、集団移転が都合3つに分裂して行われることになってしまった。前出のOさんは、「話し合いを始めたのは早かったのに、決定までこんなに時間がかかってしまって…情けない。2015年度までに移転することが目標だということだが、住民はもっと時間がかかるだろうと予想しており、『あと5年は覚悟しなきゃなあ』といっている」と話す（2013年8月のヒアリングから）。

分裂によって、元々は十三浜の中心といわれたC集落の公共施設の復旧や新設が進まず、このまま不便になってますます人が減ってしまうのではないかという危惧を抱える住民も少なくない。自治組織の堅固さや避難所生活の絆など、震災直後の活発な取り組みから、C集落では時間とともに移転の合意のみならず、地域社会の構成まで大きく揺らいでいった。

J 集落：「がけ近」と修繕居住者の判断

災害危険区域に指定され、集落に対応した防集事業も計画されなかったが、被災した住宅を修繕し、暮らしている人びともいる。そうした集落の 1 つに住んでいる P さん（40 代女性）は、震災前の 2010 年 12 月に家を購入して、この集落に新しく引っ越してきたばかりだった。「J 集落には来たばかりだったんです。地域に入って溶け込む前に、震災が来てしまって。家は床上浸水したけれど、2 階部分は無事でした。しばらく親戚の家に置いてもらって、J 集落に通って家の掃除や消毒をしていました。どうやら住めそうだということになり、（2011 年）夏ごろに戻ろうという話になったんです」（2012 年 8 月のヒアリングから）。もし家が流されていたら、他のところへ行こうと考えていたかもしれないが、住めるようなら住もう、というのが当時の家族の決断だった。購入した家のローンのことも気にかかっていた。修理専門業者に来てもらって家をあちこち直すのにも、相当なお金がかかってしまった。

J 集落は、もともと 10 戸以下の小さな集落だった。各家の津波による被害程度もまちまちで、震災後に家と地域をどうしていくのか、周囲で話が進み始めた防集事業に参加するのか否か、人びとはそれぞれ悩みながら、修理した家にまずは住み続けることになった。

2012 年 12 月、石巻市で津波被災地への災害危険区域の指定が行われたが、それは家を修繕して住み続けていた世帯の居住地も例外ではなかった。P さんと同じように床上浸水した家を修繕した J 集落の Q さん（60 代男性）は、地域における災害危険区域の指定の合意について、よく覚えていないのだという。「その頃は毎月のように説明会があったから、いっぱいあり過ぎてはっきりと覚えてないんです。行政の方としてはきちんと説明したつもりだったんでしょうけど、危険区域の意味がよく分からないうちにね。深く聞かなかったというのが私らの落ち度なんですけど、その意味が分かったのはだいぶ後でした」（2013 年 8 月のヒアリングより）。この点にかんしては、P さんも同じように「いつ同意（合意）したのか、あまり思い出せないんです」と表現している。

災害危険区域に指定されると、住居の新築、増改築は禁止されてしまうが、既存の住宅に住むこと自体は規制されない。言い換えると、当座は住み続けることはできるが、後の世代にまでコミュニティを維持していくことはできなくなった。そこから防集事業に参加しようとしても、2012年12月段階の時点で、北上町ではすでに各集落で用地の選定の段階まで防集事業が進行しており、中途参加はしづらい状況にあった。そこで、たとえば石巻市街地に造成される予定の防集団地への移転を希望することが、有力な選択肢として浮上してきた。

さらにもう一つ、修繕居住者にとって大きな岐路となったのは、政府が2011年12月に東日本大震災への適用を決め、1年後の2012年12月、災害危険区域の指定にともなって石巻市でも同時に定められた、「がけ地近接等危険住宅移転事業」、通称「がけ近」制度であった（**図3-2**）。これは、地元の防集事業に参加せず、個別に（他地域への転出も含む）自力再建を図る場合でも、防集事業並みの補助を受けることができるという制度であった。この制度の導入により、移転先が自由であり、早く決断できることと、元の土地と家屋の両方を行政が買い取り補償を行うという点にメリットが発生した。自力で家屋を修繕して災害危険区域に住み続けていた人びとにとっても、自

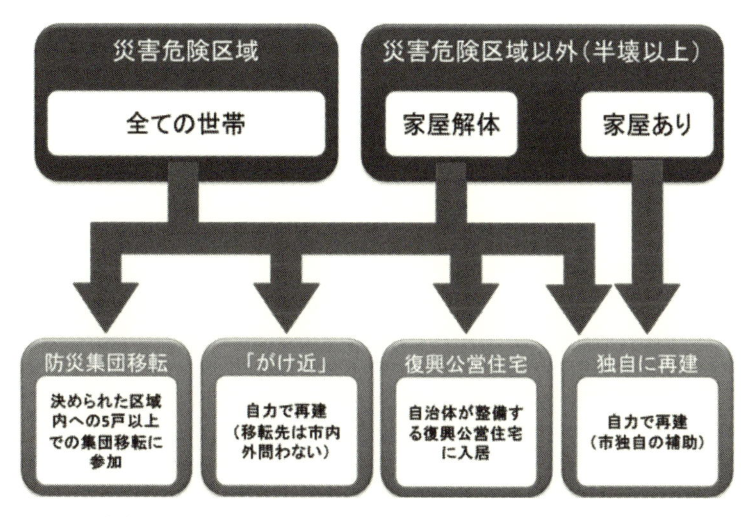

図3-2 公的支援による被災者の住宅再建の選択肢（石巻市：2012年12月～）
（出典）『市報いしのまき2013年2月15日号』より作成。

宅再建のための行動と選択の幅が広がった。J 集落は、2014 年 2 月に集落の解散と、将来的に全員が土地を離れることを決めた。

Q さんは「元の土地と家屋を買い取ってもらうにも、その査定にすごく時間が掛かったんです。2013年いっぱいまでかかった。だけどその額は、思っていたよりは高かった。そこまで額を出してでも、（行政は）自分たちに出ていってほしいのかな、と感じたくらい」と話す。P さんも Q さんも、石巻市市街地の防集事業に参加することになった。J 集落の他の住民たちもそれぞれ別の地域へ移り住む。移転先が決まったという点では、皆喜んでいる。しかし、心から安心できている人はいない。「最初から（「がけ近」）制度があれば、家は修繕しなかったと思うんですが、結果論だから」。複雑な思いを抱いている。J 集落には 2017 年 7 月現在、他の地域に新しい住宅が建つのを待っている一世帯のみが住み続けている。

5　集団移転の合意形成とコミュニティ再編のゆくえ

制度をめぐる裂け目

北上町の 4 つの集落・地区における防集事業と、人びとの合意形成プロセスについて見てきたが、その動態から、数々の困難が浮かび上がってきた。そうした課題群を大きく 2 つの側面から検証してみたい。1 つは、人びとが個々の暮らしを再生（回復）させようとすることが、それらをめぐる制度と噛み合わないという点である。個々人の生活や家族の選択が満足にできることが、コミュニティ全体の維持となり、それを防集事業のような制度がうまくつなぐ、というのが理想のかたちかもしれないが、現実はそうではない。F 集落の漁業者 R さん（50 代男性）は、防集事業への不満をこう漏らしている。「（石巻）本庁と支所との確認作業で時間が取られている。構想と現実をあわせて進んで欲しいのに、構想だけが先に進んでいく。（事業に）手をつけてくれれば、活力になる。そうすれば気分的に違うんだが」（2013 年 8 月のヒアリングから）。

震災前の市町村合併により、北上町は石巻市に組み込まれたが、今回の震災における行政対応が国－県－市（本庁）－地元役場（支所）間の制度的手続きが錯綜することで遅れた、と感じている人も少なくない[8]。実際に防集事業に携わった地元役場の職員（50代男性）も、とくに2012年度は、事業が止まったような状況に陥ってしまったことを認めたうえで、「今考えても空白の時期で、もったいなかったと思います。（E集落のように）あれだけ早く合意形成が行われたのに、そのあと空白になってしまったのが、本当に残念です」と振り返っている（2015年3月のヒアリングから）。ただし、だからといって単純な制度（自治体対応）批判につながるのではない。津波によって東北各地の地元役場もまた被災し、住民でもある職員に多くの犠牲者が出てしまった。そうした状況における地元役場の震災直後からの復旧・復興の取り組みは、多くの構造的な困難を抱えていた。

C集落の分裂の要因にもなった高台の用地交渉では、震災直後にはいったん用地買収に同意していた地権者の住民が、防集事業の計画が進むなかで突然拒否に転じる事態が生じた。用地交渉ではあくまでも地権者の任意による買収が前提となるので、拒否されると高台用地は白紙となり、防集計画もふりだしに近い状態に戻ってしまう。何度も設計変更を迫られるうちに、さらに時間が掛かってしまう悪循環も生じる。C集落のOさんが「集団移転の前に同意を得るための根回しを地域でしていても、土壇場になって『反対』や『違う条件でないと…』になってしまう。地域でまとまって動いているはずだったのに」（2013年8月のヒアリングから）と嘆くように、防集事業という制度が被災者の理解と納得のうえに成り立つ任意事業である限り、いったん得られた地域内の合意も容易にもつれ、覆ってしまう。このように、制度をめぐって生じる裂け目において、地域の合意形成は行きつ戻りつ、揺らぎ続けてきたのである。

生活の時間・制度の時間

制度をめぐる裂け目によって、派生的にもう1つの大きな課題も生じる。人びとが個々の生活を再生（回復）させようとすることと、コミュニティの復興（回復）を図ろうとすることが、必ずしも一致しなくなるということである。さらにその断層の形状は、時間の流れによって刻々と変化していく。

たとえば、J集落のように津波で被災した住宅を修繕して住み続けていた人びとにとっては、「がけ近」という現状に即した制度が、災害危険区域の指定と同じ2012年12月になって拡充されたことによって、生活を立て直す選択肢が豊富化された。「がけ近」は、各自で移転先を自由に見つけて移転すればよいので、防集事業よりも早期に移転することも可能で、北上町内の事業に参加しなければならない、という制限もない制度が、後から選択肢に加わったのである[9]。

ただし、「がけ近」は、修繕居住者にとって行動と選択の幅を拡げただけでなく、災害危険区域に指定されたエリアに住んでいた全ての人びとに適用される制度だった。「これまでは集団移転で（北上町に）残るつもりだったが、利便性を考えて他の市街地に移ることにした」というように、その制度の存在を知ったことで、防集事業への参加を取りやめて「がけ近」による補助を適用して他地域へ転出する人びとも出てきた。それに対して、防集事業に向けて地域内の合意形成を進めてきた人びとからすれば、「早くに防集事業への参加を選択した者ほど損をする」というような、不公平感と複雑な感情が生まれてしまった。

「がけ近」制度によって、どこに移転するのかという決断と選択は、各世帯に委ねられた。より具体的にいえば、各世帯の職業や年齢、家族構成などといった人びとのライフコースの側面から、住宅再建にかんする制度の利用が図られることになった。人びとが防集事業を選択した場合、合意形成や宅地の造成に時間がかかり生活の回復も覚束ないが、基本的にはもとあった集落からまとまって同じところに移転するという意味で、コミュニティの維持につながる。一方「がけ近」は、個人で自由に移転場所を選択できるが、それゆえに結果的にコミュニティの解体を促すこととなった。このことから、住宅再建の制度的な制約に対して、後から利用できる選択肢が増えることが一概に状況を改善するともいえない複雑な状況が生じていった。2013年度末までに、北上町全体では63世帯が「がけ近」制度の申請を行った。

J集落のPさん一家は石巻市街地の新居に移る予定だが、修繕した元の家と、新たな家の二重ローン状態に困っている。3人の子どもの進学に合わせて移転することを検討していたが、市街地の防集事業も遅れがちだ。「子どものことを考えて、就学状況に合わせて移転を決めて…。でも、そのタイミングが、ズレちゃってるんですよね。制度が後から変わってくるというのは、補助が増えてくることもあるので、助かる面もあります。でも、予定通りに進まないことばかりだから」(2015年9月のヒアリングから)。

それぞれの世帯は、家族でどこに住むのかということを、短期的にも長期的にも考えて選択を積み重ねていく必要がある。それに対し、制度としての復興政策は、2015年度いっぱいまでの「集中復興期間」の間に、復興のために制度の適用を急いで進める必要に駆られていった。こうして、人びとの暮らしに流れる個々の「生活の時間」のスピードと、復興のための「制度の時間」が乖離していく(関 2015)。複雑な状況のなかに、コミュニティの維持と、個人や世帯のライフコース上の選択を双方同時に満足させるような制度設計の難しさもまた、立ち現れてきているといえるだろう。

余儀なくされた選択から

人びとの「生活の時間」には、住宅の再建だけでなく、地域の生業をいかに成り立たせていくか、個々の世帯で子どもの就学や就職をどうするか、老後をどうするか、地域の将来はどうなるかといった個別具体的な問題が地域内でさまざまなレベルで重層的に立ち現れていく(上原・野崎 2013)。そうしたなかで、人びとは地域に残るのか、あるいは去るのか、防集事業に参加するのか、「がけ近」を使うのか、選択と決断をしていかざるを得ない。半ば「強いられた」選択を余儀なくされているのであるが、そうした状況下でありながらも、生活の再生(回復)が図られることによって、コミュニティの再編の試みが生まれていく。そこには不安や課題だけでなく、新しい地域をつくる希望もまた見出せる。

防集事業の住民主導による話し合いの実行や、地域の復興活動に率先してかかわっているH団地のSさん(50代女性)は、「心配事は多いけれどさぁ、出て行った人たちも、また帰りたい、もう一回帰りたい、というような町にしたい。そういう願いをもってやっているの」と語っている（2014年5月のヒアリングから）。また、震災直後は石巻市街地に移らねばならないと考えていたが、「そのうちに孫たちが『（十三浜の）ハマに戻りたい』と言い出したので、こりゃあ良いなぁと」後から北上町の防集事業に参加することに決めた、という世帯もある（D地区60代男性、2013年8月のヒアリングから）。

「やむを得ずの選択」を積み重ねながらも、そのなかで人びとは、生活を再生（回復）させるために、失われた「生活の時間」を取り戻そうとする。人びとが被災によって“住まい”や“暮らし”が今後どうなるかわからない「直線的に流れる時間」につねにさらされながらも、そこからいかにして日常生活の「回帰的な時間」を取り戻していけるか（川島2011、植田2013）、ということが問われている。

6　コミュニティの再編を“暮らし”の手に取り戻す

津波被災地域における“住まい”と“暮らし”の合意形成には、決断や選択を「とにかく急ぐ」ことにも、逆に「時間をかける」ことにも、必ずしも「正解」はない。それぞれの状況と方向性が多様になっていくなかで、それぞれの不安や課題が生まれるというのが実情であった。政策の「集中復興期間」が過ぎてからさらに1年余りが過ぎた2017年現在、宮城県で集団移転の宅地引き渡しを開始した計画地はすでに12市町193地区（約99%）に及び、その内9割以上の人びとがすでに住宅再建（災害公営住宅含む）を果たした（復興方、宮城県）。北上町全体では計画戸数（232戸）に対して約92%（215戸）の世帯がすでに新しい移転地で新たな生活をスタートさせている（北上総合支所）。最も多くの人びとが居住していた仮設団地Dも、2017年9月末をもって「仮設退去・解消」ということになった。

本章における集団移転の実態からは、人びとがどこで住宅再建を果たすのか、コミュニティがどのように再編されていくのかを、制度が大きく規定していく側面が見て取れた。そして人びとの集団移転とは、否応なく「移転を余儀なくされて」しまったところからの事態であることは間違いない。しかしだからといって、人びとが集団移転にかかわる制度にただひたすら翻弄され、受け身になり続けた、ということではない。時間とともに変化していく条件、制度のなかで人びとはその都度、決断をしなければならなかった。決断のタイミングによって、制度の利用の可否が決まってくるような不安定な状態に置かれながらも、それぞれが家族と調整・相談しながら地元に残るか、場合によっては他地域に移るかという選択肢も視野に入れて、生活の再建・再生を試みる。そうやって地域の内外で、コミュニティの再編がはかられていく。

移転地に新居を建て、暮らし始めることができた冒頭のKさんは、「ここ(の集落)は結果的に移転が早かったが、それが良かったのか悪かったのかはわからないさ。時間が経つにつれて条件が変わってくるし、制度もどんどん改善されていくから。必ずしも早くて良かった、という訳ではないと思うよ。知らない土地に今更行くのはありえないと思っていたが、今となっては、長い目で見れば他の所に行っても良かったかなと思う。もう遅いけどさ」と述べている。Kさんもまた、余儀なくされた移転を選択したひとりだ。

しかしその一方で、専業農家であるKさんは、北上町の農業を存続させようと、地域に残って奮闘している。こうした取り組みは、震災以前からの延長線上に位置づけられつつも、東日本大震災の被害を受けて、より主体的に取り組まれている。集団移転によって強いられた機会ではありながら、「地域をつくる」という側面が、能動的に読み替えられていくプロセスが、数は少ないものの確認することができる。 こうした点からも、いま取り組まれているコミュニティの再編や、そのための“住まい”と“暮らし”の再生(回復)プロセスとは、人びとの選択の可能性と、そこから新たに獲得される主体性とを阻むものであってはならないのである。

注

1 本章の内容は、著者らの大規模複合災害プロジェクト(研究代表者：関礼子、科研費基盤研究B「大規模複合災害における自治体・コミュニティの減災機能に関する社会学的研究」）による調査研究の成果に基づく。他一部に西城戸誠（法政大学)、宮内泰介、平川全機、高崎優子（北海道大学)、庄司知恵子（岩手県立大学)、図司直也（法政大学）らによるプロジェクト「平成24-26年度ニッセイ財団学際的総合研究助成「生業の創出を核とした地域社会の回復力を形成する－宮城県石巻市北上町（橋浦ならびに十三浜）の被災経験から－」（研究代表者：西城戸誠）による共同調査研究の成果にも基づく。

2　ただし、移転先の住居の建物（上物）建築費用については当事者の負担となる。

3　かつては10戸以上の新住宅団地を形成することが条件となっていたため、移転の敷居が高く、実績があまりなかったことも指摘されている（水谷1982：20)。

4　災害危険区域は、地方公共団体が建築基準法第39条の規定（津波、高潮、出水等による危険の著しい区域を条例で災害危険区域として指定できる）に基づき、将来にわたる建築制限を設けることができる区域を指す。災害危険区域のうち、とくに住民の居住に適当でないと認められる区域は住居の集団移転を促す「移転促進区域」とすることが可能で、移転に関わる経費は国から補助金が支給される。なお、指定区域の住宅用途は制限されるが、生業に関連する用途（作業小屋など）に関しては認められるケースも多い（澤田2012)。

5　石巻市全体では、死者が3471人、行方不明者が476人であり、ともに宮城県全体のおよそ3割に当たる数の犠牲者が出た（2012年9月時点)。

6　著者らは2004年2月から共同調査研究で北上町に通っていたが、震災以降は復興活動支援にかかわるとともに、2012年8月から毎年決まった時期に、地域住民の生活の様子や復興の取り組みの進展状況についての集中ヒアリング調査を行ってきた。その結果については毎回、小冊子の報告書をまとめるとともに、石巻市まちづくり委員会に報告を上げた。また、こうした一連の活動においては、地元役場・NPO・日本建築家協会東北支部（JIA）らとともに多主体協働型の取り組みを展開してきた。

7　当初はC集落で一か所に移転しようという話になっていたが、移転先の候補地の一部に古い墓地があることが懸念された。また、地元の寺が移転予定地より低い立地になってしまうことなども問題となった（2013年8月、70代男性Tさんのヒアリングより)。

8　北上総合支所のような出先機関は、国直轄事業と複数の自治体が関連する複合的な事業の場合、自己決定権をほとんど失っており、本庁（石巻市）に伺いを立てねば物事を進められないという指摘もある（幸田2013)。

9　その後、2013年5月には、石巻市独自の住宅再建費用補助制度として、(1）東日本大震災被災者住宅再建事業（市内もしくは災害危険区域内の世帯であれば市外も含めて住宅の建設・購入をした世帯、防集事業と「がけ近」事業の対象とならなかった世帯を対象)、(2）東日本大震災被災者危険住宅移転事業（災害危険区域の指定以前に災害危険区域外に住宅を自力再建するか、住宅再建に係る契約を締結した世帯が対象）の2つを新たに加えた。いずれも遡及的に住宅再建を支援する事業として位置づけられた。

参考文献

石巻市秘書広報課 2013『市報 いしのまき』p.113。
植田今日子 2013「なぜ大災害の非常事態下で祭礼は遂行されるのか――東日本大震災後の『相馬野馬追』と中越地震後の『牛の角突き』――」『社会学年報』42：pp.43-60。
上原正裕・野崎隆一 2013「自治体・専門家・住民――まちづくりの担い手として」平山洋介・斎藤浩編『住まいを再生する――東北復興の政策・制度論』岩波書店。
株式会社小泉地区の明日を考える会 2013『大好きな小泉を子どもたちへ継ぐために－集団移転は未来への贈り物』みんなのことば舎。
河北新報社『河北新報』
川島秀一 2011「浸水線に祀られるもの」『季刊 東北学』29：pp.27-37。
木村周平 2013「津波災害復興における社会秩序の再編――ある高所移転を事例に」『文化人類学』78（1）：pp.57-80。
幸田雅治 2013「市町村合併による震災対応力への影響――石巻市にみる大震災と大合併」室崎益輝・幸田雅治編『市町村合併による防災力空洞化――東日本大震災で露呈した弊害』ミネルヴァ書房。
澤田雅浩 2012「防災集団移転促進事業による復興――中越地震のケースを踏まえて」『都市問題』103（3）：pp.50-57。
関礼子 2015「強制された避難・強要される帰還」関礼子編『“生きる” 時間のパラダイム――被災現地から描く原発事故後の世界』日本評論社。
関谷直也 2012 「分断と格差の心理学」藤森立男・矢守克也編『復興と支援の災害心理学――大震災から「なに」を学ぶか』福村出版。
津久井進 2012『大災害と法』岩波新書。
日経アーキテクチュア 2012「合意しても遠い高台移転」『日経アーキテクチュア』971：pp.32-37。
水谷武司 1982「災害危険地集落の集団移転」『国立防災科学技術センター研究報告』29：pp.19-37。
室崎益輝 2011「『高台移転』は誤りだ－本当に現場の視点に立った復興構想を」『世界』820：pp.55-66。
――― 2012「復興の争点・コミュニティ継続と防災集団移転」『住宅会議』85：pp.16-19。
山下祐介 2013『東北発の震災論』筑摩書房。
由喜門眞治 2015「震災と復興・安全な地域づくり」鈴木庸夫編『大規模震災と行政活動』日本評論社。

第4章　原発事故避難をめぐる“復興”と“再生”の時間

関 礼子

1　繰り返される失敗

原爆死没者慰霊碑「安らかに眠って下さい　過ちは繰返しませぬから」(1952年建立)、厚生省敷地内に建てられた薬害根絶の誓いの碑「命の尊さを心に刻みサリドマイド、スモン、HIV感染のような医薬品による悲惨な被害を再び発生させることのないよう」(1999年建立)、水俣病慰霊の碑「不知火の海に在るすべての御霊よ　二度とこの悲劇は繰り返しません　安らかにお眠りください」(2006年建立)、第二の水俣病である新潟水俣病の歴史と教訓を伝える碑「阿賀野川を平和で豊かに」の解説の一文「このような悲惨な公害を繰り返してはならない」(2016年建立)。

失敗と反省を銘記する碑が建立されてきたにもかかわらず、原子力発電所をめぐってまたひとつ失敗が繰り返され、失敗に学ばない社会構造が再生産されつつある。

1999年に発生した東海村JCO臨界事故では、(1) 政府の初期対応は、特に住民への被害を最小限にするための対応に欠いていた。周辺住民の被害を防ぐための避難措置は、「東海村が事故当日である9月30日午後3時に施設から半径350m圏内の住民に対し避難を要請することを決定した。この決定は、政府の初動対応が不十分であったため、政府や茨城県の指導・助言を待たずに、村が独自に行った」(柳沼 2013：133)。(2) 避難や屋内退避した住民の将来の健康不安、地元企業の経済損失、風評被害などにかかわる損害賠償交渉が終結するまで10年8か月の長い歳月がかかった。また、原発事故後に差別の問題があった。(3) 事故後に頭痛や発疹など体調不良を訴える人が多くみられたが「問題なし」とされ、放射線の健康への影響をめぐって政府や医師、研究者と住民に大きな認識の差が生じた。[1]

残念なことに、これらは福島第一原子力発電所事故（以下、福島第一原発事故）でも見られた状況である。⑴ 政府の避難指示を受信したのは、双葉町・大熊町・田村市のみで、富岡町・楢葉町・浪江町・広野町・南相馬市・川内村・葛尾村は政府の避難指示を受信していないか、それ以前に独自に避難を決定した（東京電力福島原子力発電所事故調査委員会 2012a：339）。20キロ圏外の飯舘村や川俣町山木屋地区などは汚染が指摘されながら、事故から1か月以上遅れて計画的避難区域になった。⑵ 各地で損害賠償の裁判や裁判外紛争解決手続（ADR）が争われており、終結まではまだ長い時間がかかることが予測される。⑶ 事故直後から差別の存在が指摘されてきた。放射線の健康被害では、福島県の県民健康調査で甲状腺がんの増加が指摘され、政府や政策決定に重要な影響を与えてきた医師、研究者と、不安を抱く住民との間の溝はますます大きくなっている。

本章では、繰り返されつつある失敗について、⑴ 原発事故の反復性への想像力を欠いた原発再稼働に関連した福島第二原発の廃炉未決定問題、⑵ 実効性ある避難計画を欠いた原発再稼働に照射される福島第一原発事故の被害認識、⑶ 原発事故賠償スキームがもたらした差別・偏見・排除のメカニズムと被害の潜在化、そして健康不安問題の棚上げについて考察し、失敗を反復するシステムが作動しつつある状況下での原発事故被災地の“復興”と“再生”について考える。

2　事故の反復性への想像力

「チェルノブイリではない」

災害は想定外を引き連れてやってくる。ただし、制度はあらかじめ現実的に対応可能な範囲内においてしか想定しないし、その範囲内で対応できるようにリスクが過小評価されたとしても、その責任の所在はあいまいにされるから、災害は想定外になりやすい。

東日本大震災は、地震・津波・原発事故による大規模複合災害であった。原発がクリーンエネルギーで、発電コストが低く、安全で事故を起こさないという「広告」に対しては、事故前から批判が絶えなかった。災害大国であるにもかかわらず、2010年段階で狭い国土に約1億3千万人弱が54基の原発と同居していた日本では、地震災害にともなう事故発生リスクがあると指摘されてきたが、複合災害が想定内になることはなかった。東日本大震災後はどうだろうか。

福島第一原発事故は、INES（国際原子力・放射線事象評価尺度）の評価でチェルノブイリと同じ「レベル7」とされた。だが、放射性物質の大気中への総放出量でみるとチェルノブイリの10分の1であると強調されている（環境省放射線健康管理担当参事官室・国立研究開発法人放射線医学総合研究所 2016：4-5、IAEA 2015：97)。同じレベル7であっても、「チェルノブイリではない」のである。

他方で、福島第一原発事故により避難区域の指定を受けて避難した人は、2011年8月29日時点で福島県内12市町村（双葉郡8町村と田村市・南相馬市・川俣町・飯舘村）[2]の約14万6520人となり、チェルノブイリ原発事故1年以内に避難した推計11万6000人と「ほぼ同等人数」とされた（東京電力福島原子力発電所事故調査委員会 2012a：331)。避難指示が出されなかった福島県内外の自治体からの、いわゆる「自主避難者」は含まれていないから、実際は「同等人数」どころか、チェルノブイリを大きく上回る人数の避難者が出たと捉えるべきだろう。福島第一原発では汚染水漏れが続いており、原発からの放射線が遮蔽されるまでに至っていないのだから、事故の重大性・継続性はチェルノブイリ以上とすべきだろう。

しかし、福島第一原発事故が「チェルノブイリではない」という場合には、避難規模や水質汚染の継続は評価されていない。チェルノブイリの10分の1という言説は、冷温停止の目途が全く立たない福島第一原発事故だけでなく、過去の原発事故や将来の原発事故のリスクを過小評価する方向に作用する。まして「チェルノブイリではない」どころか「福島第一原発事故ですらない」レベルの事故の重大性は視野から消されていく。

福島第二原発事故トラブルの「不在」

福島第一原発事故の被害の重大性が正当に評価されているか否かは措いても、福島第二原発については明らかに重大事故の射程外に置かれてしまったようである。福島第二原発でも、2011 年 3 月 12 日に原子力緊急事態宣言が出され、12 月 26 日に解除されるまで避難指示が出されていたということは忘れられがちである。なぜか。

それは第一に、東日本大震災で福島第二原発が重大事故を紙一重で回避したことが、「ふくにのきせき（福 2 の奇跡）」とされたからである。原子炉の冷却機能が 1，2，4 号機で「全滅」した福島第二原発を冷温停止に導いた作業員の奮闘は、危機回避の成功体験であり、「美談」である。だが、その

福島第一原発事故の概要　INES(国際原子力・放射線事象評価尺度)評価

	レベル	事故例
事故	7 深刻な事故	旧ソ連・チェルノブイリ原発事故（1986年） 日本・福島第一原発事故（2011年）
	6 大事故	平成23年4月12日にレベル7と暫定評価
	5 広範囲な影響を伴う事故	英国・ウインズケール原子炉事故（1957年） 米国・スリーマイル島発電所事故（1979年）
	4 局所的な影響を伴う事故	日本・ＪＣＯ臨界事故（1999年） フランス・サンローラン発電所事故（1980年）
異常な事象	3 重大な異常事象	スペイン・バンデロス発電所火災事象（1989年）
	2 異常事象	日本・美浜発電所2号機蒸気発生器伝熱管損傷事象（1991年）
	1 逸脱	日本・「もんじゅ」ナトリウム漏れ事故（1995年） 日本・敦賀発電所2号機1次冷却材漏れ（1999年） 日本・浜岡発電所1号機余熱除去系配管破断（2001年） 日本・美浜原子力発電所3号機2次系配管破損事故（2004年）
尺度未満	0 尺度未満	（安全上重要ではない事象）
	評価対象外	（安全に関係しない事象）

図 4-1　福島第二原発事故の「不在」

（注）2016 年 3 月 31 日の資料改訂でレベル 3 以下の事例は削除され、レベル 6 にキチュテム惨事（1957 年）、レベル 5 にチョークリバー原子炉事故（1952 年）、レベル 4 に SL-1 核反応炉事故（1961 年）、セラフィールド事故（1974 年）が加えられ、フランス・サンローラン発電所事故が削除された。

（出典）環境省放射線健康管理担当参事官室・国立研究開発法人放射線医学総合研究所 2015『放射線による健康影響等に関する統一的な基礎資料（平成 26 年度版）』（第 2 章　事故の状況）、8 頁。

ことが「検証すべき失敗」の対象から福島第二原発が外れていくことにつながった。第二に、福島第二原発の避難指示圏内は、福島第一原発の避難指示圏内にほぼ収まっていた。そのため、福島第二原発の原子力緊急事態宣言解除が、住民の避難状況にほとんど影響を与えなかった。

では、福島第二原発事故はどの程度の事故と評価されたのか。環境省が『放射線による健康影響等に関する統一的な基礎資料』（環境省放射線健康管理担当参事官室・国立研究開発法人放射線医学総合研究所 2015）で示した INES（国際原子力・放射線事象評価尺度）評価の図には、福島第二原発の事故は記載されていない（**図 4-1**）。図に記載されないくらい軽微なものだったというわけではない。東日本大震災で原子力緊急事態宣言が出された福島第二原発 1, 2, 4 号機は INES 評価レベル 3 で、3 号機はレベル 1 だった。

図 4-1 には、過去に「地元では、スリーマイル島の事故より大きな影響を与えた」と評された[3]、1989 年の福島第二原発 3 号機再循環ポンプ破損事故（INES 評価でレベル 2）も示されていない。当時、そもそも INES 評価基準については、以下のようなコメントがなされていた。

> 「この評価基準でいくと、国内の事故のレベルはせいぜいゼロか 1 という。スリーマイル島の事故でさえ 5 どまりというわけで、放射能がたくさん漏れない限り大きな事故じゃないということになる。仮に大きな事故があっても国民には、たいしたことではないんだということをひたすら印象づけるための世論だましの意図がはっきりうかがえる。正直言って大変ばかげている。」[4]

図 4-1 における福島第二原発事故の「不在」は何を意味するのだろうか。2011 年 11 月 30 日に、福島県の佐藤雄平知事（当時）は福島県内の全原発の廃炉を求めた。だが、2017 年 3 月に福島第二原発 1 号機の廃炉が決まったと報じられたものの、東京電力はこれを否定した。東日本大震災での福島第一原発事故は「チェルノブイリではない」。そしてまた、東日本大震災の前にも後にも、福島第二原発では直ちに廃炉を求めるような事故はなかったという印象操作が、福島第二原発の「不在」には隠れている。

「住民投票」の想像力と正常性バイアス

ここで、福島第二原発が東日本大震災を経験する以前に起こした原子炉停止事故を、**表 4-1** で確認しておこう。作業中の死亡事故や被曝事故、事故トラブルの隠ぺい問題は省略しているが、頻繁に事故やトラブルがあったことは一目瞭然である。それでも原発推進の原子力複合体は、原発は安全でクリーンだとして正常性バイアスを作動させてきた。

それでは、原発立地町の住民はどうだったか。先に触れた 1989 年の 3 号機事故は、1991 年の関西電力美浜発電所 2 号機 SG 細管破断事故、1995 年の動燃もんじゅ 2 次系ナトリウム漏洩事故、1997 年の動燃アスファルト固化処理施設火災爆発事故、1999 年の JCO 事故などとともに、1990 年代に続発した「大きな事故トラブル」のひとつとされている（日本原子力産業協会 原子力システム研究懇話会 2014：28）。

この事故は、再循環ポンプの振動音警報が鳴ったにもかかわらず運転を続行し、2 度目の振動警報で手動停止したところ、水中軸受けリングの脱落が見つかり、炉内には約 30 キロの金属が入り込んでいた、というものである。炉心や燃料棒の損壊により放射能漏れを起こしかねない重大事故で、国内ではじめて調査特別委員会が設置された。

3 号機の再稼働にあたっては、立地町である富岡町と楢葉町に住民投票条例案が提出された。両町議会は条例案を否決したが、市民団体は自主的に再稼働の是非を問う「住民投票」運動を実施した。葉書による「住民投票」は、福島第二原発 3 号機の運転に「同意する」「同意しない」の二者択一で、その理由や意見を書く自由回答欄も設けられていた。結果は『東電福島第二原発 3 号機の運転再開を問う住民投票から　富岡町・楢葉町 2,000 人の声』（福島第二原発 3 号機の運転再開を問う住民投票を実現する会 1990）にまとめられた。

住民投票の結果は、**表 4-2** のように再稼働に「同意しない」が過半数を超えている。自由回答欄には、「事故は起きないから大丈夫であると毎回言っているが、何度も事故を起こしているので、今回も信用できない」、「私達住民が住めない所にしてほしくないです。東電側はもっと人間を大事に思って下さい」、「金属片を残したままの再開は絶対反対です。社長はじめ再開を決

表 4-1　東日本大震災以前に福島第二原発で発生した原子炉停止の事故トラブル

1981.8	1号機　試運転中、タービン制御油圧系統の配管継ぎ手部から油漏れ、原子炉手動停止。
1981.9	1号機　試運転中、湿分分離器水位高の信号により自動停止。
1981.10	1号機　試運転中、タービン軸振動の増加、保護装置からの信号でタービン停止、原子炉自動停止。
1981.11	1号機　試運転中、冷却水流量急上昇で自動停止、再開後に復水ポンプバルブ開閉ミスで自動停止。
1984.5	1号機　定格出力運転中、主発電機界磁喪失により主発電機緊急停止、原子炉自動停止。
1985.4	2号機　調整運転中、原子炉格納容器内の圧力上昇、原子炉手動停止。
1985.9	3号機　給水ポンプ弁の異常により原子炉の水位低下、自動停止。
1988.3	1号機　沸騰水再循環ポンプのモーター軸受け部の温度上昇、原子炉停止。軸受けの溶接不足部分に亀裂、潤滑油漏れが原因。
1988.12	3号機　再循環冷却水流量が一時的に増加、中性子高でセンサー作動、原子炉自動停止。
1988.12	3号機　圧力容器からタービンへ蒸気を送る主蒸気管4本のうち1本、弁棒破損のため蒸気が流れず、原子炉停止。
1989. 1	3号機　再循環ポンプ回転軸の振動幅が上昇、原子炉手動停止。水中軸受け部のリング脱落、圧力容器内に金属片30キロ混入が判明。一部は燃料集合体に入り込む。
1989.12	1号機　タービンバイパス弁を開閉させる油圧ポンプ内の制御油漏れ、原子炉手動停止。作業ミスによるねじの締付け不良が原因。
1992.1	1号機　送電用パイプと主変圧器の接続部に異音、原子炉手動停止。羽根板取付け部破損、脱落が判明。
1992.10	3号機　原子炉水位低下の信号、自動停止。給水ポンプ流量制御用IC部品の劣化が原因。
1994.5	3号機　ジェットポンプの流量低下、原子炉手動停止。ジェットポンプ押さえ金具に生じた応力腐食割れが原因。
1997.4	2号機　通常の21倍の放射能検出、原子炉手動停止。その後、放射能漏洩燃料集合体1本を発見。
1997.12	1号機　制御棒の引き抜き動作不能、原子炉手動停止。制御棒に膨らみ発生、周囲の燃料集合体チャンネルボックスへの接触が原因。
2000.7	4号機　原子炉内冷却水の放射性ヨウ素濃度上昇、原子炉手動停止。燃料棒1本の表面に亀裂、放射性ガス漏洩。
2001.1	1号機　原子炉内ジェットポンプのうち1台の流量測定器に数値異常、原子炉手動停止。金属疲労による計測用配管の破断が原因。
2001.11	2号機　運転員の制御棒引抜き操作ミスで中性子量の異常信号検知、自動停止。
2002.9	2号機　発電機のタービン蒸気、排気筒排ガス中の放射性物質濃度上昇、原子炉手動停止。燃料集合体1体から放射性物質漏洩。
2004.10	4号機　緊急時作動装置の弁に不具合発生、再起動後にも不具合で手動停止。蒸気流量を検出する配管にぞうきんが詰まっていたことが原因。
2007.2	4号機　定検中、蒸気管の放射能レベル監視装置の警報発報、原子炉自動停止。モニター筐体の静電気放電が原因。
2010.6	1号機　蒸気止め弁に異常、原子炉手動停止。過大応力による弁棒折損が原因。

（出典）原子力総合年表編集委員会編 2014『原子力総合年表——福島原発震災に至る道』すいれん舎、369－375頁より引用、作成。

めた人達も皆さん地元に来て住んでみて下さい。私達はいつもソ連のチェルノブイリを頭のスミにおいて生活しております」といったメッセージが並ぶ（福島第二原発3号機の運転再開を問う住民投票を実現する会、同上：5, 6, 10）。

福島第一も、福島第二も、平時にしばしば事故を起こしていた。大きな事故があれば「とりかえしがつかね」、「土地、建物があるのに事故がおきて住めなくなったらどうするか？」、「万が一の時、4人や5人の家庭だけなら車で逃げればよいが、田や畑、家畜を置いて逃げられない」、「故郷を人も住めないようなところに、毎日毎日、放射能におかされていることに我慢のならない気持ちで一杯です」、「東京方面などに野菜などを出荷しているが、いずれ双葉方面の野菜etc. 食べることができなくなること確実」という自由記述に、東日本大震災後を彷彿とさせる原発事故避難への想像力を見て取ることができる（同上：34）。

立地町の住民のなかには、大きな事故が起これば避難もありうると考える人があった。そうした事態を懸念して、反原発運動に加わってきた人もいた。こうした経緯を見るなら、重大事故は起こらないとする産学官の「科学的な」見識よりも、立地町の住民の「経験的な」見識が正しいことを証明したのが、2011年の福島第一原発事故だった。

表4-2　運転再開を問う住民投票　　1990.11.5 現在

	有権者数	「同意する」	「同意しない」	その他	計
富岡町	11,128	2,955（47.4）	3,230（51.9）	42（0.7）	6,227（56.0）
楢葉町	6,165	1,301（34.0）	2,508（65.5）	20（0.5）	3,829（62.1）
計	17,293	4,256（42.3）	5,738（57.1）	62（0.6）	10,056（58.2）

（　）内は%、その他は人数

（注）有権者数は9月1日（富岡町）、2日（楢葉町）現在の有権者名簿より転居先不明で戻った分をひいたもの。10月26日開票日より最終締め切り日の11月5日までに計83通が加わった。

（出典）福島第二原発3号機の運転再開を問う住民投票を実現する会 1990『東電福島第二原発3号機の運転再開を問う住民投票から　富岡町・楢葉町 2,000人の声』。

3　原子力災害時の避難計画とその実効性

被災下での原発事故避難

双葉町から大熊町、富岡町、そして楢葉町にかけては「原発銀座」で、楢葉町は福島第二原発の立地町であると同時に、福島第一原発から20km圏内にあり、2011年4月22日に警戒区域に指定され、2012年8月10日に警戒区域再編により避難指示解除準備区域になり、2015年9月5日に避難指示が解除された。福島第二原発をめぐっては、公有水面埋立て許可取消し訴訟（1974年提訴、1978年地裁却下、同年控訴および取下げ）や1号機の設置許可取消し訴訟（1975年提訴、1992年上告棄却）など、継続的に反原発運動が展開されてきた。だが、福島第一原発事故は、意見や立場を問わず、原発に反対していた人も、消極的に容認していた人も、原発擁護の立場にあった人も、等しく土地から引き剥がした。ここでは楢葉町の初期の避難状況を確認しよう（**表4-3**）。

2011年3月11日に震度6強の揺れを経験した楢葉町は津波で13名の死者・行方不明者を出した。津波被害があった地区の住民や、さらなる地震や津波を警戒する住民らは、町の避難所や集会所などで夜を迎えた。家族と連絡がとれずにいた人は、安否確認に気をもんだ。

その11日夜に、福島第一原発で原子力緊急事態宣言が出された。楢葉町役場には、「11日から翌日早朝にかけてのテレビ報道等を通じ、徐々に原発事故の深刻さを認識し、『いずれは楢葉町も避難することになるのでは』という雰囲気があった」（福島原発事故独立検証委員会2012：206）。大熊町など福島第一原発10km圏内に避難指示が出たという情報も、役場職員の知人・友人のネットワークから入っていた。そこに、12日7時45分、第二原発3km圏内避難指示が出た。楢葉町長は、いわき市長に電話で避難の受け入れを要請、8時には全町民避難を決定した（福島原発事故独立検証委員会2012：206）[5]。

津波に巻き込まれて行方不明になった人の捜索もできず[6]、家屋から流出したアルバムや思い出の品々を収集する間もなく、約8,000人の町民のうち避難所にいた約1,500人が、町の用意したバスでいわき市へ避難を開始した。

自宅にいた人びとは、防災無線や消防団の「南へ」「いわき市へ」という呼びかけで、車を走らせた。隣接する他の自治体の住民は「西へ」避難したが、北端に福島第二原発が立地する楢葉町の道路は南北に走っており、「南へ」避難するほかなかった。

「自分の家族は避難できているだろうか」「子供が無事に避難できたか」を気にかけながら住民の避難誘導にあたっていた役場職員の脇を「通常業務をしている場合ではない、早く逃げないと」といいながら避難する東京電力の職員・家族らもいた。地震のため亀裂が走り、陥没し、あるいは津波の被害を受けた道路は、避難する車で渋滞した。ガソリンスタンドは停電で給油できず、たまたま電気関係に詳しい人が訪れて発電機を回して給油できたガソリンスタンドもあったが[7]、ガス欠で車を乗り捨てざるを得ない人もあった。

住民の避難を見届けて、最後に避難したのは、町災害対策本部の情報班を除けば[8]、消防団の人達だった。住民に遅れて団員が避難する頃には、いわき市へ通じる山麓線を通る車はなく、ところどころ道端にガソリン切れの車が投げっぱなしになっていたという。

災害時には、道路や橋梁などのインフラもダメージを受ける。津波浸水や倒壊家屋、がけ崩れや道路や橋梁の崩落で通行不能になったり、ひび割れや陥没、道路と橋梁との連結部分に段差ができるなど通行障害が生じたりする。そのために、集落が孤立することもあれば、病院や高齢者施設、幼稚園や保育園など災害弱者の施設が孤立することもある。避難時・避難後の3週間で50人が亡くなった双葉病院（大熊町）のように、予期せぬ事態が生じることもある。

幸いにも楢葉町では、防災無線や消防団の呼びかけで、福島第一原発事故前に住民避難をほぼ終えることができた。独自に全町避難の判断をしたことで、住民の被曝リスクを大きくせずにすんだ。福島第一原発1号機水素爆発は15時36分、20㎞圏内の避難指示区域拡大は18時25分である。もしも政府の指示待ちで動いていたら、いわき市へ避難する際の被曝リスクは高まっただろうし、夜間に移動かかってからの避難ならば住民の精神的負担はより大きなものになっただろう。

表 4-3　原発事故当初の住民の避難経験の事例

地震・津波による被災経験	
①	地震でいったん外に出ると、瓦でも何でも落ちてきた。津波だと海に行ったら、第1回の波が来て、こわくなったから逃げて。途中、友達の家に寄って帰ろうと思ったら、そこの婆ちゃんが車に乗らない。見ている間に、婆ちゃん、流されちゃった。(2011/7/2, SY さん)
②	電車が自動停止して、揺れが止まるまで待ったけれど、10分くらいして、駅に避難するようにいわれて行ったら、駅に雨のように瓦が降ってくる。自転車小屋に避難して、そのあとで広野中学校に避難した。そうこうしているうちに雪が降ってきた。そうしたら津波がくる。自動車が人の乗ったまま流れてくる。家は流れてくる。(2011/7/2 日, SI さん)
③	何かが聞こえる。か細い女性の声で、助けを求めているようだけど、姿がなかなか見えない。声が再び聞こえて、ようやく津波の水たまりのなかにいる女性をみつけてね。抱きあげようとするが、ずぶぬれで服が水を吸って重たくなっているんだね。一人では重くて助けられないから、人を呼んできて3人がかりで救出した。(2012/8/5, TN さん)
2. いわき市への避難（役場機能の移転）～会津美里町への避難（役場機能の再移転）	
④	（楢葉町の）避難所で一晩を過ごし、朝になって戻ろうとしていたら、戻る前に、放射能が漏れたかもしれないから逃げろと。何も分からず避難してしまった人が多い。普段なら30分で着くようないわき市の避難所に4時間もかかった。(2011/6/1 日, MT さん)
⑤	「直後から妻の行方を探したが、原発事故の発生により断腸の思いで子どもと三人で避難した。／遺体が発見されたのは一カ月後。」(下郷町 2011：4)
⑥	（消防団のメンバーは）自分の家も壊れていて、家族の安否もわからないのに、一軒一軒訪ねて避難を促し、『大丈夫だ、逃げないぞ』とお茶を飲んでいる人を説得したり、渋滞で山道を戻って来た人を消防車で拾ったりしてたんだね。(15時36分に第1原発一号機が爆発したことは）別の消防団の人から『“パンッ”という甲高い音が聞こえた、まだ発表できないらしいが、もうすぐ原発が駄目だと発表あるから』って聞いたけれど、その時、私ら外にいたんだから。(2012/7/23, NW さん)
⑦	部活で高校に行っていた娘と携帯電話が通じたものの、常磐線がストップし、主要国道も通れず迎えに行けそうもないでしょう。娘は娘で高校に避難してきた人の誘導やお世話で帰れそうもないから、『じゃあ、落ち着いてからね』って。翌日には避難の指示が出て、『お母さんは、いわきに避難だというからいわきに行くけれど、あなたは学校の先生と一緒に行動してね』って。そう、言うしかないでしょう。ちょうどいわきに帰る先生がいて、その先生の車に乗せてもらって、いわきで娘と合流できたの。(2012/6/22, T店主)
⑧	米軍が80km圏内に入れないときに、おれらはなぜ35kmのところに避難しているの？　これって、避難っていうの？　避難所ごとに放射能の状況も違うから、「まだ大丈夫だ」という避難所もあるけれど、「こちらも危ない」と言って、若い職員は泣いていた。(2011/6/1, 公務員)。*
⑨	施設に入っている父親とは1週間くらい連絡がとれず、会津美里の一時避難所でようやく会うことができた。(2012/9/8, TW さん)
⑩	家の状況、家族の状況、娘（【乳幼児】）の状況も分からないまま、避難所を転々とし、ようやく娘にあえたのは、1ヶ月後でした。(関編 2012：58)

(注) *3月16日に米国防省の副報道官が米軍の80キロ圏内への立入禁止を明らかにしたことを背景にした語り。

楢葉町は、最初に災害時の相互応援協定を結んでいたいわき市に役場機能ごと避難したが、原発事故が刻一刻と深刻になっていくなかで、姉妹都市協定と災害時の相互応援協定を締結していた会津美里町への全町民避難を決定した。3月16日から、いわき市の避難所に避難している住民をバスで順番に会津美里町に移動し、3月25日には会津美里町に楢葉町災害対策本部を移転した。

2011年3月27日付け『朝日新聞』は、楢葉町は「各地に分散して避難していた町民にはできるだけ集まってもらい、五つほどの避難所で生活してもらう考え」で、「すでに約1,100人の町民が会津美里町内に避難しているといい、いわき市内に残る約140人も態勢が整い次第、呼び寄せて4月中旬までに集団移転を終える予定」だと報じた。しかし、いわき市に残りあと50名程度となり、明日にはいわき市の避難所を閉鎖しようかという段階になって、いわき市に新たに町民が避難所に流入したため、避難所を閉鎖できなくなった。楢葉町は、会津美里町といわき市に二分して役場機能を維持することになった。その後、会津美里町の1カ所を除き、仮設住宅がいわき市につくられた楢葉町は、相対的に住民がまとまって避難生活を続けた。避難生活の中で、大人数家族は世帯分割し、地区コミュニティはばらばらになり、大人は職や生業、生きがいをなくし、子どもたちは友達と離ればなれになった。

対処療法にすらならない避難計画

福島原発事故後に、原子力災害対策指針は、PAZ（Precautionary Action Zone：予防的防護措置を準備する区域）を半径5キロメートル、UPZ（Urgent Protective action planning Zone：緊急時防護措置を準備する区域）を半径30キロメートルに拡大した。それにともない、自治体は原子力災害対策に係る地域防災計画や避難計画を策定することになった。原発再稼働をにらんだ川内原発や玄海原発などでは、周辺地域の避難計画が策定されたが、当初から避難の実効性に疑問が示されていた。

それでは、計画に実効性があればいいのか。避難計画や避難訓練が適切に行われていれば、原発事故の十分な備えになるだろうか。楢葉町は、事故直後に独自に全町避難を決定しており、自治体による住民への避難指示の周知度が12市町村のなかで最も高かった（東京電力福島原子力発電所事故調査委員会 2012a：339-340、2012b：113-117）。原発立地町である楢葉町では避難計画や避難訓練が行われていたが、それが楢葉町の避難の周知度の高さや、相対的に円滑に進んだ避難に直接に寄与したわけではない。

町が独自に避難を判断することができたのは、第1に、双葉郡8町村、特に原発立地町である大熊・双葉・富岡・楢葉の間の社会的ネットワークがインフォーマルな情報伝達のネットワークとして機能し、避難決定に必要な情報を得ることが可能だった[9]、第2に、独自に避難の意思決定をしやすい自治体規模だった、第3に、災害時相互応援協定を締結していたいわき市や会津美里町が、避難受け入れ要請に応えてくれたからである。

また、避難計画や避難訓練の成果が活きたとしても、避難という現実を目の当たりにしたときに、行方不明者の捜索を断念しての避難や、被曝を恐れての避難が「計画通りの避難」と語られることは決してないだろう。原子力災害時に備えた地域防災計画や避難計画の拡充、そして実効性のある避難計画の策定は、最悪の事態を避け、被曝リスクを低減するために必要であるが、あくまで事後の対処療法である。根本的に対処すべきは、原発事故による不可逆な被害を未然に防ぐための現実的な対応策を生み出すことである。それなのに、現実には机上の避難計画が原発再稼働の条件のように扱われてしまっている。

根本的な問題が温存されたまま、対処療法が繰り返されることで、本来の解決から遠のいてしまう状況を、科学社会学の松本三和夫は「構造災」と呼び、福島原発事故後に「いま生まれつつある構造災」として高レベル放射性廃棄物問題について言及した（松本 2012：140-183）。脱原発を達成してもなお残る高レベル廃棄物問題は、ポスト福島原発事故に対応すべき重要課題のひとつであろう。

だが現実は、プレ福島原発事故の段階にまで戻って構造災が生まれつつある。九州電力川内原発は、福島原発事故後につくられた新規制基準を満たしたことで、2015年8月に再稼働した。この新規制基準について、原子力規制委員会は、「原子力施設の設置や運転等の可否を判断するためのものです。しかし、これを満たすことによって絶対的な安全性が確保できるわけではありません。原子力の安全には終わりはなく、常により高いレベルのものを目指し続けていく必要があります」とし[10]、避難計画の実効性についての評価は新規制基準の埒外とされた。

先に見たように、相対的にうまくいった楢葉町の避難でさえ大きな困難があったが、川内原発では実効性のある避難計画策定の目途がたたない。これでは、原子力災害対策指針は対処療法でさえない。形や仕組みとして避難計画をつくっても、住民の避難に実効性がなければ十分な防災体制は構築できない。福島原発事故を経験しても、原発事故があり得るということについては思考停止したままである。

福島第一原発事故を検証した政府事故調の畑村洋太郎委員長は、福島第一原発事故で得られた知見を、(1)あり得ることは起こる。あり得ないと思うことも起こる。(2)見たくないものは見えない。見たいものが見える。(3)可能な限りの想定と十分な準備をする。(4)形を作っただけでは機能しない。仕組みは作れるが、目的は共有されない。(5)全ては変わるのであり、変化に柔軟に対応する。(6)危険の存在を認め、危険に正対して議論できる文化を作る。(7)自分の目で見て自分の頭で考え、判断・行動することが重要であることを認識し、そのような能力を涵養することが重要であるとまとめ、「この事故は自然が人間の考えに欠落があることを教えてくれたものと受け止め、この事故を永遠に忘れることなく、教訓を学び続けなければならない」と結んだ（東京電力福島原子力発電所における事故調査・検証委員会 2012：34）。だが、こうした知見でさえも早くも置き去りにされている。福島原発事故の4つの事故報告書を比較した日本科学技術ジャーナリスト会議（2013:125）は、次のように指摘した。

> 「事故調査の目的は起きてしまった事故に学び、同じ過ちを繰り返さないことにある。ところが調査続行中に『生活優先』を口実にして大飯原発再稼働の決定が行われたように、『調査は調査、現実は現実』という二分法がまかり通ってしまう。そのときどきに都合の悪いことは『棚上げ』にして、忘れてしまうのである。この国の不思議の1つといってよい。
>
> しかしながら報告書のこのような扱われ方は、これまでの歴史から見て、想定の範囲内であった。報告書発表の記者会見でそれを懸念する発言もあった。事故調の側も共通して、『調査は仕事であるが、その後のことは判断を任せる』姿勢であった。」

4　重層的な差別・偏見・排除の形成

加害と被害の力関係のアンバランス

原発事故は生命、健康、人格、財産、社会関係資本、すべてに被害を及ぼす。長期避難は震災関連死に結びつく健康被害をもたらし、原発事故によって生じた差別・偏見は避難者の人格を傷つける。土地や家屋は放射能によって汚染され、長期避難の間に荒れてしまう。家族は散り散りに避難し、地域コミュニティもばらばらになって、支え、支えられてきた人間関係という目に見えない社会関係資本も台無しにされてしまう。原発事故避難の被害は人間のライフ（生命・生活・人生）全てに及ぶ。

生命、健康被害という点に関していえば、福島県の震災関連死と自殺者数は、岩手県、宮城県に比べて明らかに高い。震災関連死とは、震災後に持病が悪化する、仮設住宅でのストレスで体調を崩すなどして死亡に至るもので、高齢者に多く見られる。直接死とは異なり、震災発生時からタイムラグをおいて生じる人的被害であり、「助かった、助けられた命」と捉えられている[11]。だが、福島県の震災関連死を、単に震災発生時からタイムラグをおいて生じる人的被害と説明するのは正確さを欠く。原発事故による避難を余儀なくされ、家族がバラバラになり、生きがいを喪失し、将来の見通しがきかない、ずっと生殺しの状況が続くことによる苦痛とストレス、それら被害が理解されないという社会的疎外、すなわち原発事故に起因する被害構造が、震災関連死をもたらしているからである[12]。

見たくないものは見えない、見たいものが見えるから、原発事故が生命、健康被害をもたらしているという事実は看過されやすい。だから、「原発事故で死んだ人はいない」という「失言」も繰り返される。

「自民党・高市早苗政調会長の発言

・党兵庫県連での講演（17日）

原子力発電所は確かに廃炉まで考えると莫大なお金がかかる。稼働している間のコストは比較的安い。これまで事故は起きたが、東日本大震災で止まってしまった悲惨な爆発事故を起こした福島原発を含めて、それによって死亡者が出ている状況にもない。そうすると、やはり最大限の安全性を確保しながら活用するしかないだろうというのが現況だ」

（朝日新聞 2013 年 6 月 19 日）

「米国スリーマイル島（TMI）原発の現地対策ディレクターとして廃炉に携わったレイク・バレット氏（略）は講演で、原発内の除染作業のほか、溶融した燃料を取り出して米アイダホ州にある研究機関に移送する過程を詳細に説明した。

一方で、『日米では原発事故で死んだ人はいない』として原発事故関連死の存在には触れず、日本で課題となっている原発敷地外の住宅地や農地、山林の除染への言及もなかった。『燃料の取り出し、移送は電力会社がチームワークで乗り越えた』と語り、電力会社の取り組みを評価した」

（朝日新聞 2014 年 5 月 28 日）

福島第一原発事故では、大熊町の病院の入院患者が避難の際に亡くなった。さらに、震災関連死・関連自殺が多数報告されてきたにもかかわらず、「原発事故で死んだ人はいない」と言葉が口をつくのだから、住民が被曝による健康への影響に不安を抱えていることも省みられない。福島第一原発事故の復旧作業で亡くなった作業員がいたことも忘れられている。過去に原発の被曝労働に従事していた労働者の死が労災認定されており、それゆえ事故対応にあたっている作業員には将来の健康リスクがあるという想像力も欠如している。JCO の事故だけでなく、1993 年に福島第二原発敷地内にある廃棄物処理建屋で 1 人、2004 年には美浜原発 3 号機の蒸気噴出事故で 5 人の死者が出たことも忘れられている。

これは個人の発言レベルにとどまらず、政策全体が、原発事故を過小評価する方向を向いている「空気」（山本 1983）ゆえの失言だろう。その傾向は、「チェルノブイリではない」のはもちろん、「福島第一原発事故ですらなかった」スリーマイル事故が、アメリカで原発からのエネルギー転換をもたらしたことと対照的である。それを可能にした要因のひとつは、「原子力発電所に対する世論のきびしさ、社会的批判の強さ」にあった（長谷川 2011：164)。

被害者のなかにつくられる境界

福島原発事故後の日本ではどうか。当初こそ東京電力や原子力発電所に厳しい批判が向けられていたが、それが脱原発やエネルギー転換の潮流をつくったとはいえない。むしろ、脱原発を許さない雰囲気が形成されつつある。福島第一原発事故後、原発問題への発言は「中立」「客観」であるよう求められる傾向にあるが、日本のように「絶対に加害者の強い国」での「中立」「客観」は結果として、加害者を助けることになりかねない（宇井 2014:46)。「公害に第三者はいない」（宇井 2014）ように、「原発事故問題にも第三者はいない」。「周辺で暗黙の了解を与えている『傍観者』」が差別・偏見を通して加害に与するように[13]、原発問題に対して「中立」「客観」であることは、加害への加担になりがちである。

さらに、同じ被害者であるはずの人びとが傍観者の側に回って加害に積極的に加担してしまうこともある。差別・偏見・排除のまなざしは、社会的孤立感、疎外感を抱かせる。これは被曝者問題でもJCO事故でも見られ、福島原発事故でも繰り返された。被害に対して向けられる差別・偏見・排除は、他者と自己とを境界づける心的バリアであり、3つに類型化できる。

第1は、自らに危害が及ぶような事柄を寄せ付けないための境界づけであり、危機や不安を回避する心理から生まれる。これは、県外への避難のなかで経験された語りが多い。たとえば、事故直後に、いわき市の親戚を日立市まで車で避難させた楢葉町のある人は、消防署でトイレを借りようとしたが、「いわきから来た」というと扉を閉められた。自分たちの親戚が事故対応の最前線にいるのにと抗議してようやく案内されたのが、外にあるトイレだった。また、初期に県外避難した人はスクリーニングの証明書が発行されていなかったが、「証明書がないと救急車に乗せられないと言われた」。「車のサイドミラーを割られた」、「店に入るなと言われた」など、「あれ、差別だよ」と感じざるを得ない状況があった[14]。被曝を遠ざけようとする心理が、避難者を排除する攻撃性として表出した例である。こうした状況は子供たちの間でも再生産されており、「避難先で子供がいじめられたから」福島県に戻ってきた／避難を断念したという話も、震災直後から聞こえた。

第2は、相対的剥奪感から被害者の補償をねたみ、そねむ心理から生まれる避難者排除の言動である。相対的剥奪（relative deprivation）とは、現実に置かれている状況と「あるべき」期待との乖離から生じる不満を意味する。被害を受けているのに満足に賠償されない不満は、避難指示区域からの避難者が受けている賠償との落差に向いていく。避難者に精神的損害賠償が支払われるようになると、「税金も払わないで」、「銭こじきだな」、「パチンコ行けば避難民ばっかりだ」、「避難の人はスーパー行ってもカートにいっぱい買って」、「飲んでばかり」などといった言葉がささやかれるようになった。避難者が集中したいわき市では、市内で住宅再建する避難者が増えると、「不動産価格が高騰して空き部屋がない、家が買えない」、「偏差値が上がって入れるはずだった高校に入れない」、という不満もささやかれるようになった。こうした相対的剥奪感による排除の構図は、恣意的な避難区域の設定と解除が、合理的であると同時に非合理的な賠償スキームを描いたことに関連していることは後述するところである。

第3は、避難当事者の差別・偏見・排除の内面化である。初期避難や、避難が長期化する中で、さまざまな差別・偏見・排除のまなざしを向けられてきた避難者は、そうした存在として境界づけられた存在であると内面化しがちである。嫌なことを経験して外部への信頼がなくなると、仮設住宅や避難者同士のコミュニティなど「小さなコミュニティで集まることが多くなり、人間関係も関心も自分たちの内へと向いて」いく[15]。ますます内と外との境界が強化される。両者の対話可能性は阻まれ、差別・偏見・排除の構図が水面下で深く根を張ることになる。

排除の暴力と避難者の萎縮

差別・偏見・排除の言動は、たいていは見えないところでささやかれ、再生産され、被害への沈黙を強いる効力を持つ。福島県から県境を越えて避難した人と避難先の他都県民の間の軋轢・トラブルは、事故直後から報じられていたが、福島県内での避難者と先住者との軋轢・トラブルが大きく報じられたのは、2012年になってからである。きっかけは、「仮の町」整備問題であった。

「仮の町」とは、政府の避難区域再編案を検討するなかで、コミュニティの分断を避けるために、町外にまとまって暮らすことができる居住地を整備する計画である。放射線量が高く、長期にわたり帰還が難しい大熊町、双葉町、浪江町、富岡町では、警戒区域が再編されると、町コミュニティが避難指示解除準備区域、居住制限区域、帰還困難区域と線引きされ、一体性が損なわれてしまう。そこで、コミュニティの維持のために、一定期間、集住して暮らせる「仮の町」が検討されたのである。

「仮の町」建設の候補地とされたいわき市では、市長が、2012年4月に復興大臣との会談で、国・県・町からの正式な申し入れがないと苦言を呈した。これをきっかけに、避難者といわき市民との軋轢が報じられるようになった。

2012年12月には、いわき市役所の玄関など3か所に「被災者帰れ」の落書きがされた（いわき民報2012年12月26日）。2013年1月には、いわき市内の仮設住宅敷地内に止めてあった車両計7台が、ガラスを割られたり、ペンキに塗られたりする被害にあった。一夜のうちに、広野町の高久第4仮設で2台、楢葉町の高久第8仮設で2台、高久第9仮設で1台、大熊町の上神白団地仮設で2台が被害にあい、多くはスポーツカーや高級車であったことから、避難者に対する悪質な嫌がらせとみられた（いわき民報2013年1月12日、福島民友2013年1月13日）。住民によると、2012年にも広野町・楢葉町の仮設住宅や、双葉町の南台仮設住宅でも、タイヤのパンクや車体を傷つけるなどの被害があった（福島民報2013年1月13日、朝日新聞2013年1月13日）[16]。この事件を大きく取り上げた『サンデー毎日』（2013年3月3日号）は、次のように書いた。

> 「放射能汚染で家に住めない被災者には、東電から『精神的損害の賠償』として1人当たり月10万円が支払われている。仮に5年以上帰宅できなければ、総額は600万円。土地と建物などの『財物賠償』が支払われるケースもある。対して、いわき市民への東電の賠償は8万円が2回（子ども・妊婦40万円）。この格差に加え、人口約33万人の同市に、市外から約2万4000人が避難しているために生じる問題が不満を増幅させているようだ。」

ここでは、(1)補償格差の問題、(2)急速な人口増加による道路渋滞や公共施設の混雑が摩擦・軋轢の原因として指摘されているが、その隠れた背景に、いわき市自体も**図 4-2** のように（3)多数の子供やその親が県外避難しており、(4)地震や津波で被災したにもかかわらず、支援格差により「忘れられた被災地」であるという相対的剥奪感があったことを見逃してはならない。いわき市北部の福島第一原発 20 ～ 30 キロ圏にかかる地域は、避難指示区域（緊急時避難準備区域）から外されたという経緯もあった。避難指示区域からの避難者に対する支援・補償が、いわき市民の支援・補償と大きく異なることで不満が出現した。これは、言い換えれば、補償制度の失敗が生んだ差別・偏見・排除の構図であり、「政策の失敗」の具体例である。

そもそも、ひとつの自治体のなかに、相当規模の人が集住することで軋轢やトラブルが生じることは、これまでにも新住民と旧住民の対立問題や、高

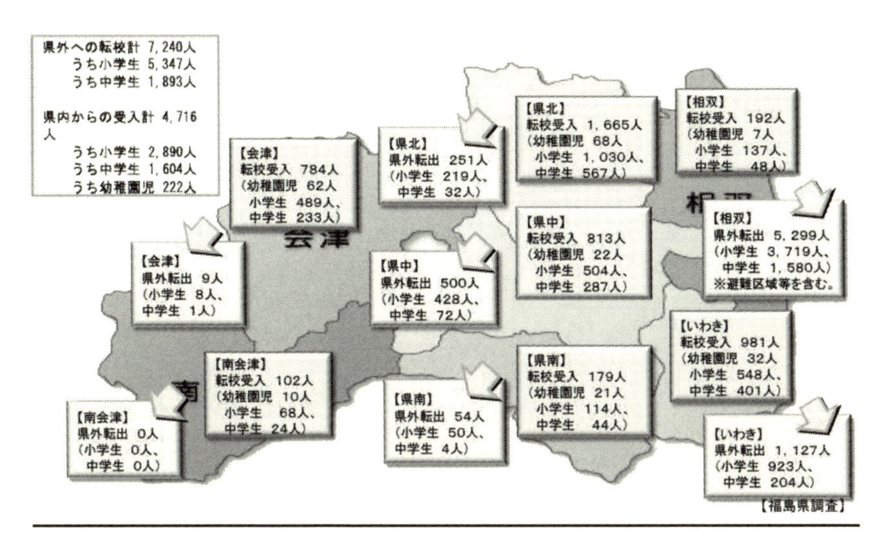

図 4-2　福島県外へ転校した児童・生徒の推移

（注）2011 年 5 月 1 日時点の人数である。

（出典）原子力損害賠償審査会（第 14 回）配布資料 1「福島県における避難の概況」（文部科学省 HP:http://www.mext.go.jp/b_menu/shingi/chousa/kaihatu/016/shiryo/__icsFiles/afieldfile/2011/09/21/1311103_1_2.pdf）

層マンション、リゾートマンション建設問題、外国人労働者集住地区での軋轢など、姿かたちを変えて繰り返されていたことである。ひとたび生まれた対立が、長期にわたって、根深く住民の社会生活を拘束していくことも予測がつくことだった。

しかも、差別・偏見・排除を顕在化させた「仮の町」とは、帰還が見えない町の希望の表現であり、福島県内の複数の自治体に分散している役場機能を集約し、仮設住宅の避難者が集住できるような災害公営住宅などの建設を求めたにすぎなかった。たとえば、当時、帰還を目指していた楢葉町に、「仮の町」の計画はなかった。会津美里町の 1 か所を除き、すべての仮設住宅がいわき市に集中していた楢葉町にすれば、「今この状態が『仮の町』のようなもの」であった。希望のベールを剥いだ「仮の町」とは、そのようなものにすぎなかった。

いわき市における軋轢は、福島県と内と外、避難区域の内と外、さらには避難区域再編という名の町の分断など、事故の被害者を幾重にも分断しながら、「復興」を拓こうとした政策の問題点を照射するものだった。

落書きの「避難者帰れ」は自主避難者への支援の縮小や、福島第一原発 20 〜 30 キロ圏の緊急時避難準備区域の解除、20 キロ圏内の警戒区域の再編など相次ぐ避難者の帰還政策を追認するものだった。避難指示が解除されていないから「帰りたくとも帰れない」という反論は、除染を進めて避難指示を解除すれば「帰れる」というねじれた政策を推進することにつながった。

原発事故がもたらした被害は人間の生活（ライフ）全体に及ぶ、不可逆な被害である。なおかつ金銭では代替できない。そのような想像力が欠如すると、被害はすべて金銭に置き換え可能なものへと価値が切り下げられてしまう。中間貯蔵施設建設問題での「最後は金目でしょ」という石原伸晃環境大臣（2014 年 6 月発言当時）のような発言は、中間貯蔵施設建設という文脈を超えて、あらゆる避難者の権利侵害の問題を金銭問題に解消させ、差別・偏見・排除の構図を追認していく。人格を傷つけられた避難者はますます内向的になり、被害について黙していく。他者との対話を通して、被害の了解可能性を探ることを諦め、放棄する。同時に、放射能による環境汚染被害を受けながら、相対的剥奪感により避難者を排除する人びとは、自己の被害求償についても可能性を狭めることになる。

避難者が小さくならざるを得ない雰囲気はますます強化され、そこに水を差すほど厳しい原発事故への世論も社会的批判も見あたらない。各地で争われている原発事故賠償の訴訟に対する関心も薄い。そうしたなかで、失敗を繰り返すシステムは徐々に息を吹き返しつつある。

5　責任をあいまいにする制度のもとでの“復興”と“再生”

責任追及しにくい制度設計

原発事故からの“復興”と“再生”に向けて重ねてきた時間とは何であったか。ポスト福島原発事故は、プレ福島原発事故に強固だった原子力をめぐる政治経済複合体の“復興”と“再生”へと向かっているのではないか。逆説的であるが、失敗を繰り返すシステムは、それ自体にレジリエンスがあり、日本社会で成功したシステムであった。失敗とそれによって生じる危機に対して、責任の所在をあいまいにしたまま、「想像上の一体感」によって問題を乗り越えようという「空気」が醸成され、そこに乗らない者には制裁を加えるというシステムが現在にまで温存されてきた（山本1983、掘2016など）。問題が重大であればあるほど誰も責任をとらない文化は、責任追及をさせないシステムと共依存関係にある。

国と東京電力の無責任体制の再生

福島第一原発事故の責任は、原発推進を推進してきた国の規制権限の不行使にあるとして、国家賠償請求訴訟がいくつも争われているが、国は違法性なしとして請求の棄却を主張している。国は福島原発事故の責任を認めておらず、したがって謝罪もしていない。

原発の再稼働でも同様である。2015年9月の衆議院での原発再稼働をめぐる責任の所在に関する議論では、原発再稼働に関しては、2014年に閣議決定された「エネルギー基本計画」に基づき、原子力規制委員会が安全性を認めれば、その判断を尊重して再稼働を認めることになっており、万が一の事故には国が原子力事業者への資金交付などを行うことになっている旨の答弁があった[17]。

つまり、今後、福島第一原発と同様に事故が起こっても、原発推進のエネルギー政策を進め、原発再稼働を前提とした「エネルギー基本計画」を策定した国にもそれを閣議決定した政府にも責任はなく、安全性を審査した原子力規制委員会にも事故の責任は及ばない。原発再稼働も再稼働後の万が一の事故も、電力会社の責任ということであるが、その責任も限定的であいまいである。

福島第一原発事故では、民事の損害賠償に対して国の資金援助がなされており、東京電力の加害者負担は限定的である。福島原発告訴団により、2012年から東電幹部の刑事責任を問う告訴が行われ、2015年7月に東電元幹部3名の強制起訴が決まったが、その間にも東京電力は新潟県の柏崎刈羽原発の再稼働に向けて動いてきた。国は東京電力の事業運営に原子力損害賠償支援機構を通して関与しており、柏崎刈羽原発再稼働に強い意欲を示してきた。

柏崎刈羽原発は、2007年の中越沖地震で変圧器火災事故を起こしており、「中越沖地震では、想定を大幅に超えた揺れが原発を襲った。そもそもの想定に甘さがあった」、「原子力災害対策特別措置法（原災法）は、大地震のような自然災害と原子力災害が、並行して起こる『複合災害』を想定していない」と指摘された（読売新聞2007年10月31日）。福島原発事故後も、これら問題点について根本的な改善はない。

すり替えられる責任の所在とねじれた対立構造

他方で、原発事故被害者には、重層的に分断され、責任追及しにくい状況がつくられてきている。被害は常に外側から切り捨てられ、範囲を狭められていく（**図4-3**）。

関東など福島県外から避難した災害救助法適用地域外からの「自主避難者」は、避難者受け入れ支援に積極的な自治体に避難したが、支援格差に心を痛めた。

「千葉県市川市がホットスポットだということを、九州の人は知らない。『ホットスポット』と言っても、九州では『えっ？』と聞き返されることがある。『ホットスポット』という言葉すら知らない人もなかにはいる。徐々に、被災地・福島県からの自主避難と千葉県からの自主避難の違いを意識するようになった。」（関・廣本編 2014：84-85）

「福島のような高度汚染地域の方々の話と、関東のような避難することが微妙なエリアの人の気持ちは違うと思います。微妙だったが故に、引っ越したことは大袈裟だったのかなと揺れる気持ちもあるのです。それだけ、母子移住のために犠牲にしたものは大きかったと思います。加えて、神奈川からの避難は圧倒的に少ないので、周りからその行動が認められていないという気持ちを抱くことがあります。」（関編 2013：51）

避難指示区域外の福島県および災害救助法適用地域からの避難者も自主避難者である。自主避難者への住宅支援は福島県以外の避難者から打ち切られ、福島県からの避難者についても 2017 年 3 月 31 日で終了となった。

こうした自主避難者たちは原発事故がもたらした「ねじれ」を訴えてきた。福島県産農産物が避けられることを国や福島県が「風評被害」とすることで、国や東京電力への生産者の怒りは消費者にすりかえられた。自主避難をめぐっても同様である。自主避難が、もといた地域の汚染を印象づけ、復興に向けて努力する人びとの足を引っ張ると論点がすりかえられた。そこでの自主避難者は「風評被害」の元凶であるかのように言われることもあった。

責任の所在をあいまいにし、対処療法的な政策を重ねるなかで、福島県の生産者 VS 消費者、福島県内に住んでいる人 VS 自主避難者というねじれた対立構造が生じてきたのである。

ねじれは至るところに生じている。放射性物質汚染対処特別措置法（2011 年 8 月 30 日公布）で定められた、福島第一原発事故由来の放射性物質を含む「指定廃棄物（1 キログラムあたり 8000 ベクレルを超えるもの）」の各県での処理もそのひとつだ。指定廃棄物の処分場建設をめぐって各地で反対運動が起こっているが、環境省 HP では「指定廃棄物に関する代表的なご質問」として、「なぜ宮城県内に長期管理施設を建設しなくてはならないでしょうか。福島県に集約して処理することはできないのでしょうか。もう一度、最初から議論をすることはできないのでしょうか。」という「自治体からのご質問」を掲げて、次のように回答している[18]。

「指定廃棄物の県内処理の方針は放射性物質汚染対処特措法の基本方針に明記されております。
　福島県においても、福島県内の指定廃棄物等の処理のため、地元との調整を実施しています。地域による帰還の差異はあるものの、現在避難されている多くの方が帰還を望んでいる中、福島県にこれ以上の負担をさらに強いることは到底理解が得られない状況です。
　このため、放射性物質汚染対処特措法の基本方針に基づき、各県内において指定廃棄物の処理を進めていきますので、皆様のご理解とご協力をお願いいたします。」

原発事故前の立法の不備は省みられず、政策への不満を福島県と帰還を望んでいる人々に振り向ける論法に、帰還を望んでいる避難者 VS 宮城県の自治体（福島県外の汚染自治体）という「ねじれ」を見てとれる。

責任の所在をあいまいにして論点をすりかえながら、“復興” と “再生”

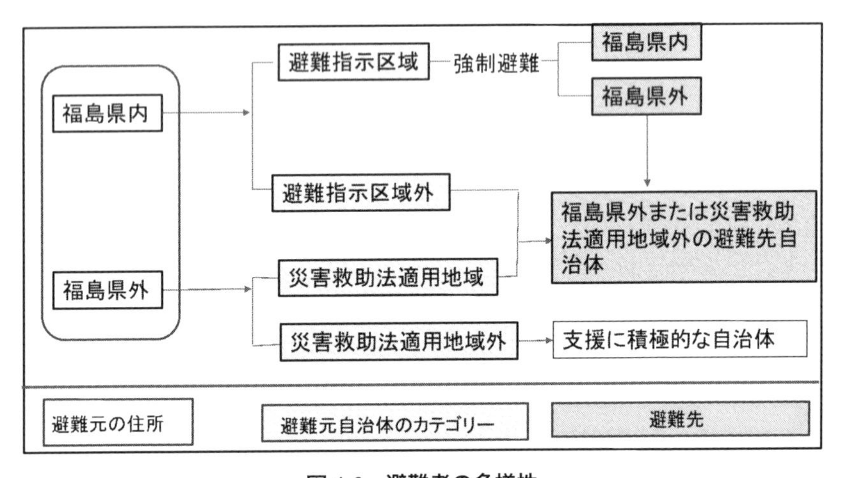

図 4-3　避難者の多様性

が強調され、“絆”が連呼されてきた。福島の“復興”と“再生”の時間は、被害者の被害を増幅させる時間でもあったのである。

6　生の全体性を取り戻すために

外部との分断を抱え込んだ福島の現状を、地元メディアは、震災 2 年を経たずして「福島は、外からもすでに『福島だから』と、遠ざけられたまま固定されているように思う」（佐藤 2013：273-274）と綴った。

> 「福島で暮らすことを選択した人たちは、わからなさを抱えながらも、被ばく線量を少しでも下げる工夫をすることで折り合いをつけながら暮らしていくことを選択したように思う。家族が避難して離れ離れに暮らすわけにはいかない、長く携わり家族を養ってきた仕事とその誇りを失うことはできない、生まれ育った土地への愛着を捨てることはできない。それらのリスクがあまりに大きいことを考えた上での選択でもある。だから、福島は積極的に放射線と向き合っているとまでは言えないだろうが、しかし、そうだとしても、国も、そして福島以外の誰も、放射線と向き合わないとしたら、福島の人間だけが孤独に放射線と向き合うことを強いられ続けることになる。それは風化というよりは、構造的にはネグレクトではないだろうか。」（同上：275）

福島県外からの「自主避難者」や、福島県外の放射線量が高い地域の人びとも、同じように「放射線と向き合うことを強いられ続け」ているが、放射線のリスクはますますないがしろにされている。福島県では順次解除される避難指示を受けて、強制避難者も「自主避難者」へと変わってきている（**図 4-4**）。

福島県内全原発の廃止を求めるオール福島の声に対し、福島第二原発の廃炉は決まっていない。福島第一原発は汚染水漏れなどが続き、事故が収束したとはいえない。東日本大震災後も余震は続いているが、将来の万が一の事故のリスクは温存されたままである。

楢葉町では、2015 年 9 月 5 日の避難指示解除で、住民の帰還が始まった。除染で出た汚染土が詰まったフレコンパックが積まれた町に早々と帰還した人びとは、4 年半近い「空白の町」で時計の針を進めようとしてきた。ちなみに、楢葉町の避難指示解除から1年後の帰還率は376世帯681人で、世帯帰還率は14%、人数ベースで9.2%であった[19]。「戻れるものなら戻りたい」が、「戻れない」状況にあると考える人は多い。避難生活の中で築いてきた人間関係、避難先でいち早く再建した事業、新たにみつけた雇用先、子供や孫の成長、進学、就職など、それぞれが取り戻そうとしてきた「生活の時間」を巻き戻すこともまたリスクだからである。そうしたなか、帰還を強要するわけではないと説明されているとはいえ、避難支援や賠償の打ち切りという帰還圧力がかかってきた。

“復興”、“再生” は、誰のためのものだったのだろうか。再生エネルギー発電促進賦課金を払うようになっても原発は再稼働し、復興特別税を負担しても原発事故5年にして2割強しか “復興” を実感できていないというアンケート結果が出てくる（福島民報2016年3月7日）。依然として政策のまなざしは「人間」に向いていかない。この状況を、どう考えたらいいのだろうか。

「災害はハザードと脆弱性との掛け合わせといわれるように、非災害時（平常時）社会の脆弱性が突出して顕在化したもの」であるならば（日本学術会議社会学委員会社会福祉学分科会2013：1）、問題の根は、現代日本の人間観や生の捉え方に求めなくてはならない。

人間の生命の連続は生理学的な意味以上のものであり、生命、生活、人生といった人間の生（ライフ）の全体性は、慣習、制度、職業、経験などを含んでいる。人間は、世代から世代へとライフを更新することによって、社会を維持する。社会は空間的距離の近接性のみによって形成されるのではなく、経験や歴史、記憶を共有しながら、同じ心を持つこと（like-mindedness）によって形成され、それらの更新によって社会もまた更新される（関1993）。しかしながらそのライフが、社会の貧困と相関して価値を切り下げている。

法哲学者の井上達夫は、「政治も、哲学や思想も、経済の侍女」になった現代日本の生のあり方は（井上2011：vi）、「関係の貧困」、「共同性の貧困」、「合意の貧困」を抱え込んでいると論じた。「生活は生の経済であり、人生は生の倫理であるが、両者の均衡をとりえなくなった生において生活と人生はともに崩壊する」とし、「人生が生活を意味付けるのではなく生活が人生を意味付けるという『生活による人生の簒奪』」によって人生と生活の貧困化が進行していると述べた（同上：xi）。

生を貧困化させる「空気」に水を差し、生のための「制空圏」をつくるには、失敗を繰り返すシステムの成功を放置してはならない。原発事故からの“復興”と“再生”は、人間の生活（ライフ）のための社会という「当たり前」に立ち返ることを抜きには成し得ないのである。

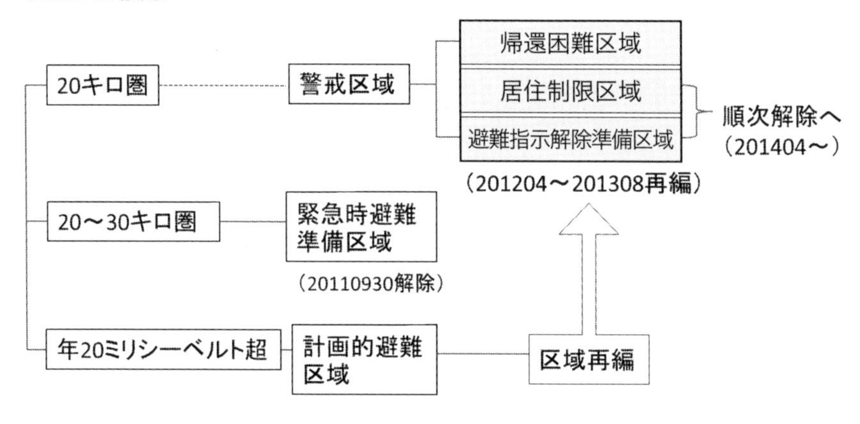

図 4-4　避難区域の変遷

注

1　以上3点は、JCO臨界事故総合評価会議（2000）、柳沼（2013）の指摘に基づく。
2　うち、双葉郡8町村（広野町・楢葉町・富岡町・大熊町・双葉町・浪江町・川内村・葛尾村）が役場機能の移転を余儀なくされた。
3　1989年6月27日付け朝日新聞での「脱原発福島ネットワーク」世話人の中手聖一さんのコメントによる。
4　同上での「原子力資料情報室」代表の高木仁三郎さんのコメントによる。
5　『国会事故調報告書』（東京電力福島原子力発電所事故調査委員会 2012a：341）には8時30分に全町民避難決定とあるが、これは防災無線で避難指示を行った避難開始時刻である。
6　最初に楢葉町に行方不明者の捜索が入ったのは、1か月以上が経過した2011年4月20日であった。

7 2012年6月25日ヒアリング、MHさん。

8 原子力規制委員会HP（http://www.nsr.go.jp/archive/nsc/senmon/shidai/bousin/bousin2012_15/ksiryo1.pdf、最終閲覧日：2013年3月22日）。なお、避難をせずに警戒区域設定後も町に留まり続けていた住民数世帯を除く。

9 ちなみに、大熊町は午前6時20分頃に田村市へ、富岡町は午前6時50分頃川内村へ、双葉町は午前7時30分頃川俣町へ避難を決定している（原子力規制委員会HP、http://www.nsr.go.jp/archive/nsc/senmon/shidai/bousin/bousin2012_13/ssiryo1.pdf, http://www.nsr.go.jp/archive/nsc/senmon/shidai/bousin/bousin2012_11/ssiryo2.pdf, http://www.nsr.go.jp/archive/nsc/senmon/shidai/bousin/bousin2012_15/ssiryo2.pdf：最終閲覧日：2013年3月22日）。

10 原子力規制委員会HP（https://www.nsr.go.jp/activity/regulation/tekigousei/shin_kisei_kijyun.html、最終閲覧日：2016年3月31日）。

11 震災関連死に関する検討会（復興庁）、2012年8月21日、「東日本大震災における震災関連死に関する報告」：1（http://www.reconstruction.go.jp/topics/main-cat2/sub-cat2-2/、最終閲覧日：2014年3月8日）。

12 福島県の震災関連死が「原発事故関連死」と呼ばれるのは、原発事故がもたらした災禍が震災関連死では捉えきれない側面を持っていることを示す。

13 いじめ防止対策推進法（2013年6月28日制定）に基づき策定された「いじめの防止などのための基本的な方針」（2013年10月11日文部科学大臣決定）による（文部科学省HP, http://www.mext.go.jp/a_menu/shotou/seitoshidou/1340770.htm、最終閲覧日：2015年3月15日）。

14 2012年7月23日ヒアリング、MAさん。

15 同上。

16 楢葉町の仮設住宅には、2013年5月にもロケット花火が打ち込まれた（朝日新聞2013年6月3日）。

17 「原発再稼働を巡る責任の所在に関する質問主意書」（衆議院HP, http://www.shugiin.go.jp/internet/itdb_shitsumon.nsf/html/shitsumon/a189416.htm、最終閲覧日：2016年3月10日）「衆議院議員原口一博君提出原発再稼働を巡る責任の所在に関する質問に対する答弁書」（衆議院HP, http://www.shugiin.go.jp/internet/itdb_shitsumon.nsf/html/shitsumon/b187001.htm、最終閲覧日：2016年3月10日）

18 環境省HP（https://shiteihaiki.env.go.jp/faq/typical_questions/、最終閲覧日：2016年3月10日）

19 楢葉町HP（http://www.town.naraha.lg.jp/information/files/28.9.8、最終閲覧日：2016年3月10日）

参考文献

IAEA 2015『福島第一原子力発電所事故 事務局長報告書』IAEA HP（http://www-pub.iaea.org/MTCD/Publications/PDF/SupplementaryMaterials/P1710/ Languages/Japanese.pdf、最終閲覧日：2016年3月31日）
井上達夫 2011『現代の貧困——リベラリズムの日本社会論』岩波書店。
宇井純著、藤林泰・宮内泰介・友澤悠季編 2014『宇井純セレクション2　公害に第三者はいない』新泉社。
環境省放射線健康管理担当参事官室・国立研究開発法人放射線医学総合研究所 2015『放射線による健康影響等に関する統一的な基礎資料（平成26年度版）』（第2章　事故の状況）環境省HP（http://www.env.go.jp/chemi/rhm/kisoshiryo/attach/201510mat1-02-08.pdf、最終閲覧日：2016年3月31日）
環境省放射線健康管理担当参事官室・国立研究開発法人放射線医学総合研究所（原子力安全研究協会改訂）2016『放射線による健康影響等に関する統一的な基礎資料（平成27年度版）』（第2章 事故の状況 Q&A）環境省HP（http://www.env.go.jp/chemi/rhm/h27kisoshiryo/attach/201606mat3-02-2.pdf、最終閲覧日：2016年3月31日）
原子力総合年表編集委員会編 2014『原子力総合年表——福島原発震災に至る道』すいれん舎。
佐藤崇 2013「原発事故を私たちはどう伝えたか——家族が地域が引き裂かれていく中でメディアはその役割を果たせたか」丹羽美之・藤田真文編『メディアが震えた——テレビ・ラジオと東日本大震災』東京大学出版会。
下郷町 2011『広報しもごう』№.565。
JCO臨界事故総合評価会議 2000『JCO臨界事故と日本の原子力行政——安全政策への提言』七つ森書館。
関礼子 1993「コミュニケーションと環境」『社会学論考』14：pp.99-115。
関礼子編 2012『「警戒区域見直しにともなう楢葉町住民調査」調査報告』楢葉町・大規模複合災害研究グループ。
関礼子編 2013『水俣病から福島原発事故を考える（立教SFR重点領域プロジェクト研究水俣調査報告書）』立教SFR重点領域プロジェクト研究・代表阿部治。
関礼子・廣本由香編 2014『鳥栖のつむぎ——もうひとつの震災ユートピア』新泉社。
東京電力福島原子力発電所事故調査委員会 2012a『国会事故調報告書』徳間書店。
東京電力福島原子力発電所事故調査委員会 2012b『国会事故調参考資料』徳間書店
東京電力福島原子力発電所における事故調査・検証委員会 2012「最終報告（概要）」『政府事故調報告書　最終報告書』メディアランド株式会社。
日本科学技術ジャーナリスト会議 2013『4つの「原発事故調」を比較・検証する——福島原発事故13のなぜ？』水曜社。
日本学術会議社会学委員会社会福祉学分科会 2013「提言 災害に対する社会福祉の役割——東日本大震災への対応を含めて」（http://www.scj.go.jp/ja/info/kohyo/pdf/kohyo-22-t172-1.pdf、最終閲覧日：2016年3月31日）。
日本原子力産業協会原子力システム研究懇話会 2014『福島第一原子力発電所事故と原子力のリスク』日本原子力産業協会原子力システム懇話会。
長谷川公一 2011『脱原子力社会の選択——新エネルギー革命の時代［増補版］』新曜社。

福島原発事故独立検証委員会 2012『福島原発事故独立検証委員会　調査・検証報告書』，株式会社ディスカヴァー・トゥエンティワン。
福島第二原発 3 号機の運転再開を問う住民投票を実現する会 1990『東電福島第二原発 3 号機の運転再開を問う住民投票から——富岡町・楢葉町 2,000 人の声』。
堀有伸 2016『日本的ナルシシズムの罪』新潮社。
松本三和夫 2012『構造災——科学技術社会に潜む危機』岩波書店。
柳沼充彦 2013「東海村 JCO ウラン加工工場臨界事故を振り返る——周辺住民の健康管理の在り方を中心に」『立法と調査』No.338:131-144。
山本七平 1983『空気の研究』文藝春秋。

第5章　原子力損害賠償紛争解決にみる避難者の「被害」
——飯舘村民の集団申立を参考に——

佐久間 淳子

1　金額で表わす困難に挑む

東北地方太平洋沖地震を発端とする東京電力福島第一原子力発電所の事故は、放射能汚染による被曝を避ける目的で、多数の避難者を生んだ。東京電力は法律に基づいて個別に賠償を行っているが、その内容に不服がある場合は、裁判に訴えるか、原子力損害賠償紛争解決センター（ADR[1]センター）に和解仲介を依頼して、裁判外紛争解決手続（ADR）で問題解決を目指す方法がある。後者のADRとは、裁判よりも簡便な手続きで、かつ圧倒的に短期間で一定の解決を得られるように設計された仲裁制度である。今回の原発事故にあたっては、2011年8月に立ち上げられ、2017年9月15日までの申立総数は22847件、うち9割は[2]和解案が提示されるなどして仲介が終わっている。ただし、和解案には裁判の判決ほどの強制力がないため、東京電力が支払いを拒否する事例も起きている。

本章では、原発事故発生から1か月以上たってから村全域に避難指示がなされた飯舘村の、村民約3000人（村の人口の約半数にあたる）が集団で申し立てたケースを取上げる[3]。

筆者は、「飯舘村初期被曝評価プロジェクト」（代表・今中哲二　京都大学原子炉実験所助教　2013年度）や、村民らの集団申立を支える弁護団の事務局の一員として、避難中の飯舘村民に接する過程で、被災・避難によって失われる日常と他の災害にはない健康への不安、そして「避難解除」がどのように受けとめられているのかを聞く機会を得た。賠償の金額だけでは見えてこない原子力災害という人災の破壊力を明らかにし、今後同様の人災が起きた際のよりましな社会的支援のありかたを考察する。

2　3.11以前の飯舘村

相馬郡飯舘村は、福島県の北東部に位置し、県の東側を南北にのびる阿武隈山地の海抜400～600メートルある高原の村である。面積は約230平方キロメートルあるが、その75パーセントは山林であり、20パーセントが農地、5パーセントが宅地や道路である。北部は相馬市に隣接し、東側は南相馬市、南部は浪江町、西部は伊達郡川俣町、伊達市に接している。

江戸時代、一帯を治めていた相馬藩では現・飯舘村を「山中郷」と呼んでいた。確かに、海岸沿いの相馬市や南相馬市から海を背にして西側を望むと、緑の壁がそびえるように横たわっているように見える。その高みにひろがっているのが飯舘村だ。

気候は冷涼で、年間平均気温は10℃。冬の厳しい寒さを利用して凍み大根や凍み餅を作り保存食とする工夫もなされてきたが、たびたびの冷害に悩まされてもきた。天明の飢饉（1782～1787年）では人口の3分の1が失われたといわれる[4]。近年では、1980年の冷害がひどく、稲作農家が自家用の米すら生産できず購入せざるを得ないほどの凶作となった。これを教訓に、冷害に強い品種への転換や、高原野菜やトルコギキョウなどの切り花の栽培が行われるようになり、地産の飼料を活かした和牛「飯舘牛」のブランド化もなされてきた。

人口は、1956年には11,430人に達したものの、2010年度の国勢調査では6,132人、1,716世帯となっている。参考までに飯舘村の面積を東京23区に当てはめると、大田・世田谷・足立・江戸川・台東の4区を合計した広さに匹敵し、東京ではそこに約300万人が住んでいる。単純に比較すれば、人口密度は475分の1である。村を東西に横切る県道12号線沿いや役場周辺などには住宅地といえる場所があるが、それ以外の場所では一軒一軒が離れており、田畑の向こうにそれぞれ山林を背にして建っている。こういった家の裏手には杉の木立が植えられており[5]、冬に山の木々が葉を落とした後も北風から家を守るように工夫されている。

歴史的には天明などの大飢饉を経て入植者（主として越中、越後、加賀などの浄土真宗の門徒）を受け入れてきた。また、1956年に現在の飯舘村となるまでの合併に関わる確執の名残もあるといわれるが、1993年に策定された第3次総合振興計画（10ヵ年計画）のころから、20ある行政区[6]を単位として、住民も主体的に村づくりに関わる機運が高まり、一つの村としての結束力を強めてきた。田畑の作付けや収穫はお互いに助け合い、村民体育大会は行政区対抗で行われる。また県主催の「ふくしま駅伝（市町村対抗福島県縦断駅伝競走大会）」[7]では村の部で1992年から10連覇を果たすなど、村民同士の交流も対外的な交流も活発になされてきた。

食は、自然の恵みを活かした自給率の高い生活だった。専業農家はもちろん、勤め人の家であっても多くが自家用菜園を持ち、野菜は「つくるもの、もらうもの、あげるもの」という意識が強い。米も大豆も作り、味噌も手作りという家が多い。そして、山菜やきのこ、川魚、イノシシ、ニホンミツバチの蜜などの自然の恵みも盛んに利用され、一年を通して日々の食卓の一角をなすとともに、採取の楽しみや、振る舞うよろこびを得るものとして、一部は販売して収入を得るものとしても、生活の重要な糧であった。

山の恵みの豊かさを象徴する事例として、「イノハナの天ぷら」がある。イノハナとは、きのこのコウタケを差す地方名である。香りの良いキノコとして知られ、一般的には干して保存し、食べるときには水で戻して炊き込みご飯に入れ、その香りを味わうものだ。しかし飯舘村民は異口同音に「天ぷらがいちばん」と答える。収量が多いからこその料理法である。収量が多いといっても、誰もが採れるわけではない。キノコ採り名人は、きのこが生える場所を熟知していて、我が子にも教えない。この希少性もまた、イノハナの魅力となっているようだ。

このようないとなみは、マイナーサブシステンス（副次的ですらない生業）と呼ばれている。主たる生業活動の陰にあって経済的側面は弱いが、楽しみの一つとして遊びの要素も含んでおり、精神文化的側面が強く、これらが一体となって飯舘村の暮らしを構成しているのである。

また、村民が自慢するものに、「水」がある。村営の簡易水道もあるが、多くの家が井戸か沢水をそのまま利用している。飲んでおいしいだけでなく、家の横に水屋を置いて沢水を引き込み“掛け流し”にし、野菜を洗ったり冷やしたりというのは、都会にはない水の使い方だ。

しかしながら、全国の地方・農村がそうであるように、飯舘村でも人口の流出と高齢化は進んで来た。それだけに「家を継ぐ」と子どもが決意すれば、親は喜び勇んで家を新築した。2 世代、3 世代同居はあたりまえで、4 世代 9 人という大家族も珍しくはないのが飯舘村だった。

そして犬や猫はもちろん、販売を目的とした経済動物である牛すらも、家族の一員だった。繁殖農家は雌牛を妊娠させ、生まれた子牛を 10 か月ほど育てて競りに出す。酪農家は、生まれた雌を育て、1 歳になるころから 1 年に 1 度妊娠させ、産後は一日に 2 度乳を搾って出荷する。そして乳の出が落ちてくるまで、長い雌牛だと 10 年近く一緒に暮らしたのちに競りに出した。

3 原発事故による飯舘村民の初期被曝

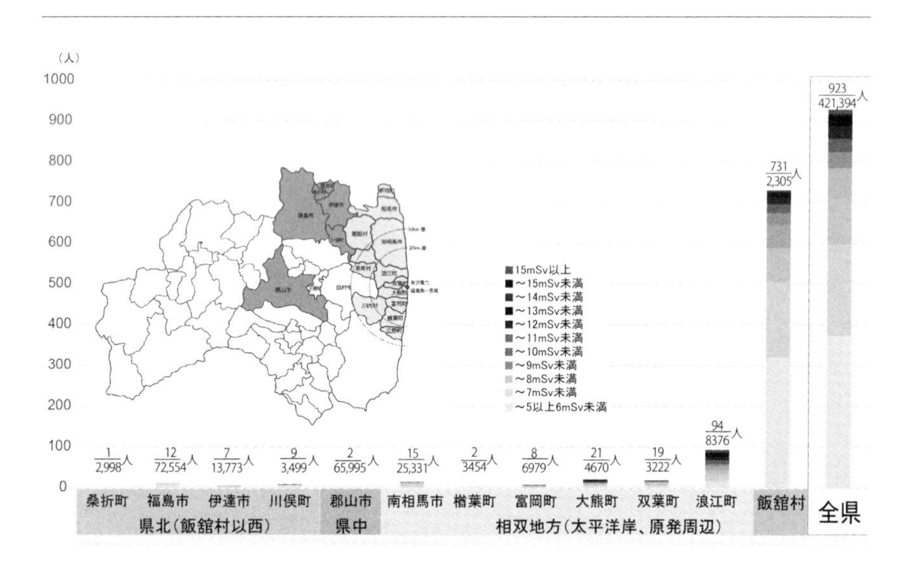

図 5-1　県民健康調査結果と飯舘村民

（注）分母は回答者数（人口ではない）。2011 年 3 月 11 日から 4 ヵ月間での 5 ミリシーベルト以上の初期被曝者数における飯舘村民の割合は約 8 割となる。

（出典）県民健康調査（基本調査、2014 年 6 月 30 日現在）をもとに筆者作成。

原発事故により避難を強いられた自治体のうち、飯舘村の特殊性をよく表している**図 5-1** をまず見ていただこう。これは、福島県が実施する県民健康管理調査のうち、初期被曝量を推計するために行った基本調査外部被曝線量推計結果（2011 年 3 月 11 日～ 7 月 11 日）をグラフ化したものである[8]。

初期被曝とは、原発事故が発生してから 3 ～ 4 か月の間に起きる被曝を指す。核分裂によって生成される放射性核物質は、次第に減少していく特性がある。被曝の原因となる主立った放射性物質には、ヨウ素 131、セシウム 134、セシウム 137 などがある。このうち、大量に発生し影響が大きいものの、発生後 100 日後にはほとんど無くなってしまうヨウ素 131 による被曝状況を把握しておくことは、以後の健康管理のために重要とされている。しかし、今回の原発事故に際しては、事故当初に一人一人の被曝量を測定していない。そのため、空間線量が高かった時期に、いつどこにいたか、それは屋内だったのか外だったかといった行動記録を作製し、各地の空間線量記録を元に、外部被曝がどの程度起きたかを推計したのが基本調査である。

ここから、原発周辺の町村と計画的避難を指示された飯舘村や南相馬市、浪江町、川俣町の住民のうち、5 ミリシーベルト以上の被曝をしたと推計された人数を図 5-1 で示した。この値は、放射線管理区域、すなわち不必要な被曝を避けるために立ち入りが制限されている区域の被曝上限が、年間約 5 ミリシーベルトとされていて、2015 年 10 月に白血病の労災認定を受けた原発労働者も 5 ミリシーベルトの積算線量が確認されたためである[9]。

この図を見ると、最初の 4 か月間に 5 ミリシーベルト以上の被曝をしたと推計される全県民の、約 8 割が飯舘村民であることがわかる。一方、福島第一原発が立地する大熊町・双葉町ではそれぞれ 21 名・19 名である。各自治体の人口を考慮する[10]と、飯舘村民の初期被曝量が、一人一人のレベルとしても、人口に占める比率にしても桁違いに高いことがわかる。[11]

この差は、国が出した避難指示の時期の差を反映したものと見ていい。

次に、このような状況に至った経緯を、東北地方太平洋沖地震の発生から振り返ってみる。

避難に至る経緯

2011年3月11日午後2時46分ごろ東北地方太平洋沖地震が発生すると、飯舘村ではまもなく停電し、電話も通じなくなって、復旧にはその後2～3日を要した。道路のところどころに亀裂が入り、民家では屋根瓦がずれ落ちるなどしたが、地震による直接の影響はこの程度だった。

11日はどの家も応急修理や家族・親戚・知人の安否確認に忙殺されるが、翌12日朝5時44分に福島第一原発から半径10キロメートルの範囲に避難指示が出され、夕方18時25分にはそれが半径20キロ圏に拡大され、福島第一原発よりも10キロ南にある福島第二原発から半径10キロメートルにも避難指示が出た。このため、南相馬市小高区、浪江町、大熊町、双葉町、富岡町、楢葉町の住民が一斉に避難しはじめた。飯舘村へは国道114号線や399号線を通じて南から、県道12号線62号線などを通じて東側から避難者がおしよせ、村内の幹線道路はいずれも大渋滞となった。

ある60代の女性は、親類がおしよせた様子を次のように振り返る。

> 「『お晩です』『お晩です』って、次から次から車が来て、駐めっとこもなぐなって」「この人たちいつまで居んだべ、明日の朝はなに食わすべ、昼はどうすっぺって、そればっかりで、逃げっちくても逃げらんにかった」。

このように、村民は不安を感じつつも避難者の受け入れで明け暮れることになる。村役場も小中学校の体育館など合計6ヵ所を避難所として開放し、20日まで対応にあたった。野菜や米、味噌、酪農家からは絞りたての牛乳、男たちが冬の山で仕留めたイノシシの肉も提供され、取るものも取りあえず逃げてきた人たちをいたわるように温かい汁物とおにぎりが供されたという。

14日の昼前に、村役場のそばに可搬型のモニタリングポストが設置され、村職員によって測定が開始された。翌15日午前11時に「屋内退避」の指示が第一原発から30キロメートルに拡大され、村の南東部の蕨平（わらびだいら）地区の一部がその対象になった。そして、午後3時にモニタリングポストの値が上がりはじめる。いきなり通常の50倍になったため、測定を担当していた村役場の職員・杉岡誠は、県の防災本部に電話し、屋内退避の指示を出すよう訴えたが「毎時100マイクロシーベルトまでは避難指示を出さない」との返答を得ている。（NHK　2013年6月30日放送 「証言記録 東日本大震災　逃げるか留まるか、迫られた選択　福島県　飯舘村」より）

そして午後6時20分に村役場前で毎時44.7マイクロシーベルトが測定された。この日は午後から雨が降り出し、それが雪に変わり、翌16日の朝は除雪をする光景もあちこちで見られたという。この雪のなかに放射性物質が大量に取り込まれ、地上に落ち、雪が溶けて消えるまで長期間に渡って地表に留まった結果、飯舘村の放射能汚染はよりひどくなったと考えられている。しかし、「雪かきなど論外、濡れるのも避けるべき」だとは、ほとんどの村民は認識していなかった。

また、村役場では村民からの問い合わせに対して「県からの指示がないから村として避難はしない」と回答している。その後3月18日と19日に福島県の仲介で栃木県鹿沼市への避難バスを運行したが、利用者は350人に留まった。

その一方で、自主的に避難する人たちが増えていた。ただし、村内のガソリンスタンドでは、原発周辺地域からの避難者が大量に利用した上に供給が途絶えてしまい買うこともできず、農作業用の軽トラックなどからかき集めて、自家用車で子どもや年寄り、妊婦を避難させる家もあった。このようにして最大時には村民の1/3が避難していたといわれるが、3月21日を境に飯舘村に戻ってくるようになった。ひとつには、親戚知人宅へ身を寄せるにしても、長引くにつれて居づらくなったことや、宿泊代が嵩んだことなどが上げられるが、それだけでなく県が3月19日付けで任命した放射線健康リスク管理アドバイザーらによる講演会も影響している。飯舘村では、まず3月25日に長崎大学の高村昇教授が村民向けに、4月1日には山下俊一長崎大学教授が村議会議員や村役場職員などを対象に、4月6日には高村昇教授が後に帰還困難区域となる長泥行政区で、また4月10日には杉浦紳之近畿大学教授が保護者向けに飯舘中学校体育館で講演を行っている[12]。いずれの講演会でも「このまま村にいて問題は無い」などと説明したため、避難するべきか迷っていたり準備をしていた人は取りやめ、避難生活を続けることに限界を感じていた人たちは、彼らの言葉を信じて戻ってきたと見られる。

この一連の講演会が始まったのは、政府が3月23日にSPEEDI（緊急時迅速放射能影響予測ネットワークシステム）[13]の試算結果（3月12日からの積算値）を公表し、24日の朝刊が各紙とも一面で報じた翌日である。そこには、飯舘村まで高線量の放射性物質が飛んで来る予測がすでになされていたことが示されていた。

しかし、4回目の講演会が行われた翌11日、政府は「飯舘村全域を計画的避難区域に指定する方向で調整している」と公表し、4月22日に正式に「1か月を目途に村外へ避難すること」と通知した。計画的避難区域とは、それまでに避難指示がなされていた福島第一原発から半径20キロメートル以遠で、このまま留まった場合、年間被曝量が20ミリシーベルトに達する可能性があるとされた地域である。このように事故発生から1か月以上なんの指示もなかったのに、いきなり村全体が「村外へ避難せよ」と命ぜられた自治体は他にはない[14]。菅野典雄村長は、「村から1時間程度のところに避難するように」と村民に呼びかけた。

しかし、「1か月を目途に」5月下旬までに避難することができたのは、ごく一部の村民だけだった。なぜならば、村長の意向に沿う近隣の市町では、すでに原発周辺の市町村からの避難者が入居していて空き物件が限られており、2世代3世代、4世代同居の大家族がそっくりそのまま入居できる物件は皆無に等しかった上に、仮設住宅の完成は7月末までかかった。わずかに、子どものいる世帯（親子）用に福島市内にある公務員宿舎を約200住戸確保し、5月15日から入居させたのみである。

このため世代（夫婦）毎に別れるなどして避難先を求め、若い順に先に避難させつつ、年配者を中心に村内に留まり、お互いが行き来する状態になった。

また家畜については、当初は放射能に汚染されたという前提で一律に村外への移動を禁止されたため、人の避難にあたっては全頭の殺処分もしくは避難先から通って飼育を続ける選択肢しかなかったが、酪農家らが肉と生乳の放射能測定を繰り返し、規制値を下まわったことを根拠として政府に働きかけて販売・譲渡の道を開いたことで、6月下旬までにすべての牛が飯舘村からいなくなり飼育者の避難が可能になった。

このように、一家族のなかでも、誰と誰がどこへ行くか、は、避難先の確保状況や家畜・ペットの処遇などとのかねあいも考慮が必要だったため、簡単に決まる世帯ばかりではなかった。

飯舘村民の初期被曝量が突出して上積みされた原因は、以上のような避難指示の遅さが最も大きいといえる。事故原発から20キロ圏内の町のように、「有無を言わせぬ避難」が行われなかったことで起きた、最も大きな相違点である。

村役場が福島市飯野町に支所を設けて、村内の庁舎を閉じたのが6月22日。この際、菅野典雄村長は「2年で帰る」と宣言した。[15]

児童生徒の避難と引き留め

大人よりも子どものほうが放射線に対してより敏感であるということは、報道や口コミ（SNSなどインターネット情報を含む）を通じて次第に知られるようになったが、村がその不安にどう対応したかを振り返っておこう。

村は、4月20日に村内の飯舘中学校で幼稚園・小学校・中学校の入学式と始業式をあげ、翌日から飯舘村の西隣である川俣町の学校に間借りして新学期をスタートさせた。スクールバスは村内から川俣町への送迎に限られ、村外に避難している子どもは、親たちが送迎をおこなった。この頃には、飯舘村が計画的避難を予定されていることは知られているし、川俣町から福島市にかけても空間線量が高いことが知られていたため、避難先よりも線量の高いところに通学させなければならないことに不安を感じ、にもかかわらず表明できない状況に追い込まれた親もいた。

その後、5月30日からは、村立小学校を飯舘村の西側に隣接する川俣町飯坂に、中学校と幼稚園・学童保育所は川俣町の西側に隣接する福島市飯野町に仮校舎を設け、避難先にスクールバスを巡回させて片道1時間をかけて児童生徒を通学させるようにした。村立小学校に通う児童には、教材を無料とするなどの優遇が採られた。

なお、菅野典雄村長は、2015年10月に「2016年度末までに帰村宣言をし、村外の仮設校舎を閉鎖して、村内に小中学校を復活させる」と公表した。これを受けて村立小学校の保護者たちが、「2020年まで延期する」ことを求める要望書を村に727人分の署名を添えて提出した。村は「後になればなるほど村内での学校再開は難しくなる。若者がいない村になる。たとえ少人数でもすばらしい教育ができると考えている」と回答した。[16]

児童生徒を遠くに避難させない、積算線量を意識させない、早く村内での授業を再開する、という方針の根底にある考え方は、広瀬要人教育長（当時）が2013年に次のように説明している。

> 「早くメッセージを出さないと、みなさんそれぞれ避難をしちゃうんですよね。自主避難をしちゃうんですよ。そして、避難先の学校に子どもを入れるようになるんですよね。そういうことをしてしまうと、村に戻ってこなくなる家庭が多くなる」。[17]

このように、飯舘村では、当初から避難による人口減を危惧し、それを回避しようと村の外に村民を出さない努力がなされた印象がある。ただ、この努力は「より放射線量の高いところにより長く子ども達を滞在させる」結果ともなり、被曝を警戒する保護者達の不信を買うことにもつながっている。また、川俣町でも空間線量が高いことから、積算線量計（ガラスバッヂ）を身につけさせたいという保護者の要望があったが、村は導入しなかった。ただ、川俣町では児童にバッジを持たせていた。このような村の対応を嫌がって、避難先の地元の学校に転校させるケースもある。

4　避難後の状況

避難後の暮らしを、ある仮設住宅の例を取り上げて説明しよう。

避難にあたって、村のコミュニティの単位である行政区は、あまり尊重されなかった。

数少ない行政区単位の集団避難は、飯舘村北西部の前田（まえた）行政区と草野行政区が行っている。まず、前田行政区長の長谷川健一が集団避難を検討し、建設中の仮設住宅を見学したうえで、伊達市の市営グラウンドにできる伊達東仮設住宅に一緒に行こうと一軒一軒説得して、全54世帯のうち半分以上をまとめることに成功した。これを知った草野行政区の住民も、避難先の温泉宿から26世帯が合流した。同仮設住宅ではこの2集団が核になり、避難中のコミュニティとして自治会活動が始まった。草野グループが温泉宿で続けていた朝のラジオ体操の習慣を仮設住宅に持ち込んだため、仮設住宅全体の習慣として定着した。

周囲をリンゴや桃、梨の畑と休耕地に囲まれていたことも好条件で、休耕地を仮設住宅の菜園用に借り受けた。土壌の線量が高かったが、重機を持ち寄り深く攪拌することで希釈し、くじ引きで用地を分配した。また、農業経験を買われて、収穫や作付けのアルバイトが舞い込むようにもなったという。

一方、いち早く多数の仮設住宅が建設されたのは福島市と相馬市の工業団地内の空き地だったが、市街地から離れているため、買い物・通院用に村営バスを運行しているところもある。

各仮設住宅には、村が雇った管理人（村民）がおり、定期的に会合をもって情報交換をしながら運営されている。

一般の借家や賃貸アパート・マンションを借り上げて「見なし仮設住宅」としたところに入った人は、仮設住宅よりもゆったりと住んでいるようにみえるが、「村の情報が入ってこない。近くに誰が避難して住んでいるのかも教えてもらえない」と村や村民とのつながりが希薄になっていることを口にする。

人気のなくなった村内には、「ふるさと見守り隊」として村民が交替でパトロールを続けている。雇用創生と防犯を兼ねた事業だが、空間線量が高いから避難しているのにわざわざ被曝しに行くのは疑問だ、という声が当初からあったが、離散した村民同士が顔を合わせられる場所として機能している。

再編された避難区域

2012年4月から避難区域の再編が行われ、飯舘村では7月17日に、20ある行政区のうち4行政区が避難指示解除準備区域、15行政区が居住制限区域、南端の長泥地区だけが帰還困難区域となった。長泥の両隣、東側の蕨平と西側の比曽では、線量が高すぎるとして帰還困難区域への指定を希望する村民が多かったが、村は受け付けなかった。

その原因は、3つの区域の区別によって賠償が異なる点があげられる。帰還困難区域は6年後の帰還が難しいとして家屋等は原発事故前の時価で全損扱いとなるが、居住制限区域では6分の5、避難指示解除準備区域では6分の4と決められた。このため、行政区によって賠償の格差が生まれたことから、さまざまな軋轢がひろがる原因になっていった。

そして、帰還困難区域となる長泥は2012年7月17日午前零時をもって、住民や警察・消防以外の立ち入りが禁止となり、行政区に入る国道県道には、金網を張ったゲートが設けられ施錠された。長泥の住民にとっては、事故発生後の3週間は「ここに暮らしていても問題ない」と専門家の助言を聞かされ、その後も1年3か月の間は自由に避難先から出入りできたのに、いまさらながらに封鎖されたのである。このため、行政の対応に不信感を募らせ、他の行政区の村民からは賠償額の差をめぐるやっかみなどが出る状況になった。

効果の薄い除染と仮置き場、仮仮置き場

2011年6月から、村内ではモデル除染事業が行われ、2012年からは国の直轄事業として除染作業が始まった。まず家と家の周り、道路を優先して除染し、その後農地の除染に取りかかった。飯舘村の特に農家の場合、白い漆喰を塗らない、藁を混ぜた土を塗って固めただけの土壁が用いられているところもあり、当初は「除染不能」と判定された。高圧洗浄機で水を吹きつければ土壁は崩壊してしまうからだ。だが、家を建て直す資金を得ようにも、このような古い家は資産価値がほとんどないと評価され、賠償金が得られない。これでは村に帰りたくとも帰れない、ということで、村民の強い要請で除染することになった家が何軒もある。ただし、代替案は「使い捨ての紙タオルで拭く」除染であるから、実効性は期待できないといえるだろう。

宅地の地面除染は、草木を除き、地表から5センチ下まで土をはぎ取っ

て、代わりに汚染されていない土で覆っている。この客土は、村役場近くの山を一つ潰すことで確保している。すなわち生えている木や地面を覆っている落ち葉、腐葉土、下草を取り除き、その下の土を削り運び出しているのである。そして、除染のためにはぎ取った汚染土や刈り取った草木は黒いフレキシブルコンテナバッグ（通称フレコン、あるいはフレコンバッグ）に詰めて、借り上げて均した田畑に5段に積みあげてさらにシートで覆って保管している。この場所を「仮仮置き場」といい、仮置き場ができ次第順次移動させるとしている。さらに中間貯蔵施設が完成した際にはそこに移送することになっているが、現状ではいつ移送が始まるかはまったくの未定である。環境省の担当者は村民に対して「避難が解除されて帰村できるようになったときにも、当面は仮仮置き場が解消されていることはないだろう」と答えたという。仮仮置き場が村の風景を大きく変えているが、用地を提供した所有者にとっては、現金収入源としての意味もある。仮仮置き場に適さない田畑の所有者にとってはその格差に対する不満もあると思われる。

また、農地からは作物の栽培に適した表面の土が5センチ減り、まったく養分のない土を補っているため、すぐに品質の良い作物が収穫できるわけではない。

また、村の75％を占める山林は除染しないので、風雨によって除染済みの場所も再び線量が上がっているという報告も多い。

避難で剥奪されたもの

村内の農地はすべて使えなくなったので、農家は農地を村外に求めない限り、休業である。自家用野菜を作るのもごく限られるので、野菜は買うしかなくなった。畑からとってすぐに料理するような鮮度は望めない。仮設住宅の家賃は無料だが、水道代は払わなくてはならなくなった。「風呂は薪で焚いていたんだが」という家も珍しくはない。山菜もきのこも食べることができない。汚染がひどいことがわかっているので採っても捨てるしかなく、孫の口に運んでやることもできない。マイナーサブシステンスは完全に破壊された。

また大家族が分散してしまった場合は、一堂に会するだけでも交通費や会場費、宿泊費がかかる。居間に勢揃いすれば済む生活ではなくなってしまったのである。

これらの経費を、東京電力賠償相談窓口は、「避難慰謝料（1人月10万円）に含まれている」としているが、飯舘村民にとっては東電が起こした人災によって支払わざるを得なくなったのであるから、慰謝料とは別に東電が賠償するべきと考えているし、そもそも慰謝料の金額決定が加害者たる東京電力によって一方的に決められたことにも不満が募っている。

共同墓地が多い飯舘村では、家のそばに先祖が眠っていていつでも訪ねられるものであり、避難によって墓参が困難になり、帰村がいつになるのかわからないから村外に墓を移す決断もできず、精神的な負担が増えたという人もいる。

避難先に連れて行けないペットを、「里子」に出したり、飯舘村に置いたまま、人に頼むなどして餌をやっている飼い主もいる。

5　村民の避難状況の変化

飯舘村は2017年3月31日に、閣議決定に従って避難解除準備区域と居住制限区域を同時に解除し、菅野典雄村長は「帰村宣言」をした。

しかし、半年後の同年9月現在、村が把握している帰村者は418名、避難時の人口の1割にとどまっている。その大半は、高齢者である。他は、仮設住宅に身を寄せている村民は492名、公的宿舎が131名、借り上げ住宅が1281名、そして村外に新たに住宅取得をしたり、村外の親族宅に同居するなどしている人が2976名、また老人ホームや病院などには12名がいる。半年後には、仮設住宅を閉鎖し、借り上げ住宅の無料提供や避難慰謝料も打ち切ると決まっている段階での、避難状況である[18]。

飯舘村民が集団ADR申立に動いた2014年当時は、避難からまる3年が経ち、「2年で帰る」と当初菅野典雄村長が表明していた目標からさらに1年経っても、帰村の見通しがまったく見えなくなっていた時期だった。

帰村が簡単ではないことは、放置した家の様子から、誰もが感じるようになっていた。

どんなに古くなった粗末な家でも、人が住み続けている限りは傷みの進行は遅い。しかし人の住まなくなった家は、あっというまに傷む。かび臭くなったり雨漏りの手当てが遅れて床まで傷み、ネズミをはじめとした動物に中を荒らされて、布団も家財道具も使いようがなくなってしまった家がほとんどだ。そのため、飯舘村では2014年からこれらの焼却処理を進めている。

手に馴染んだ思い出の品々を捨てる過程で、否応なく「元の飯舘村は無くなった、どんなに帰りたくても」という現実が理解され、代えがたい価値あるものを原発事故によって奪われたことが再認識されたと考えられる。

同じく農機具の賠償額が安すぎることを不満に思っている村民も多い。原発事故がなければ、修理しながら、いよいよ動かなくなるまで使い続けられたであろう農機具を、賠償の査定では「中古で値の付かない農機具」とするのである。これでは新天地で農業を再開することもできない。

このように、都会で暮らしていては想像できないような「あたりまえだった、いままでの暮らし」に戻れない苦痛・不自由を、飯舘村民は味わっている。

こういった不安、不満が募ったことが、ADRセンターへの仲裁申立に3000人もの村民が集まった背景にある。

原子力損害賠償紛争解決（ADR）とはなにか

ADRは、原子力損害の賠償に関する法律（原賠法）と原子力損害賠償補償契約に関する法律（補償契約法）を根拠にした賠償制度である。これらの法律によれば、原子炉の運転によって事故が起きた場合、原子力事業者が賠償責任を負うことが明記されており、賠償責任には上限がないとも定められている。

東京電力はこれらの法律にしたがって賠償を行っているが、それに不服である場合、ADRセンターに対して和解仲裁を申立て、和解案を出してもらうことができる。裁判官にあたるのは仲介委員といい、弁護士が起用され、必要に応じて裁判の現地検証にあたる「現地調査」を行い、聞き取りをして、和解案を作成する。訴訟よりも簡便に、早く結果が得られる利点がある一方で、和解案には判決ほどの強制力がない。

原発ADRは2011年9月から和解仲裁の受付が始まっていて、飯舘村民の集団申立は決して早い立ち上がりではない。ADRでは十分な成果が得られなかったとしてさらに裁判に進んだケースもあるし、ADRを経ずに裁判に訴えた事例も多い。そんななか、飯舘村民の集団申立が企画されたのには、浪江町民が起こした申立の和解案が契機となった。

経緯をまとめると、つぎのようになる。

2014年3月、ADRセンターは浪江町民約15000人を代表して申立ていた馬場有（たもつ）町長に対して、和解案を示した。申立から10か月が経過していた。

和解案は、避難の長期化などを理由に挙げて一律10万円が支払われている「精神的苦痛に対する慰謝料」を5万円増額することと、約2500人いる75歳以上の高齢者には、さらに3万円の上乗せをするというものである。裁判官にあたる仲介委員は、現地調査や仮設住宅での聞き取りを経て、避難の長期化によって生活環境が劣悪化し、負担が大きくなっていることを考慮し、この和解案に至ったという。

申し立てから10か月、もともとの申立内容は、一律25万円の増額を求めるものだった。申立の金額からすると和解案は5分の一に過ぎないが、一律に増額することを提示した点では画期的であり、参加者の98%が2014年5月時点でこの和解案を受け入れると回答した。

この金額が多いのか少ないのかを考えるには、交通事故の賠償事例が役に立つ。交通事故で一般的に認められている慰謝料は、入院を余儀なくされた場合は1か月あたり53万円（通院の場合は28万円）、むち打ちなどの他覚症状がない場合でも35万円（通院の場合は19万円）程度である。

申立に至る経緯

浪江町民に対する和解案が示されたことを知った飯舘村前田行政区の区長、長谷川健一は、行政区長会の席で菅野典雄村長に「飯舘村でこういう申立をする考えはないか？」と尋ねた。村長は「ない」と回答した。「予想どおりの回答だった」と長谷川は振り返る。長谷川は、菅野村長とは酪農を通じた先輩後輩の仲で選挙も積極的に支援してきた。村長就任後は、さまざまな助成金を呼び込んでは村民を巻き込みながら活性化のアイデアを練りあげる手腕に信頼を置いてきた。しかし、放射能汚染が起きた後は、長谷川の目には菅野村長は別人のように映っている。飯舘村という地面上で村民が暮らす状態を失うまいとし、避難が決まった後は少しでも早く帰村宣言し村民を戻すことに重点を置いて、放射能汚染に対する村民の不安を「帰村の障害物」として十分に向き合っていないと感じている。たとえば、国直轄の除染作業に対して、2012年に飯舘村は「年5ミリシーベルトまで積算被曝量が減ったら帰村したい」と表明している。避難中の他の自治体はいずれも1ミリシーベルトを目標としてるなかで、飯舘村は格段に汚染度が高い（言い換えれば除染が甘い）中での帰村を希望していることになる。それでも、避難後の2012年には菅野村長は無投票で5期目の村政に乗り出した。村民達は菅野村政への不満を口にしながらも対抗馬を立てて村政を換えようという動きにはつながっていかない。

長谷川は、そんな状況にいらだちちつつ、浪江町への和解案に注目した。そこで菅野村長の言質をとり、その上で各行政区長たちに、ADRをやってみないかと持ちかけた。

20人のうち12人の行政区長が「やってみよう」と応じた。全ての行政区長が参加しなかったのは、2012年に避難区域を3つのレベルに区分けされ、賠償金額などに差を付けられたことで、お互いの事情が少しずつ食い違ってしまい足並みが揃わなくなったのが一因ではある。帰還困難区域となった長泥と、その南隣で居住制限区域となった蕨平もすでに申立を行い和解案を得ていたが、長谷川らとは別に申し立てるとした行政区もあるし、ADRはやらない、という行政区長もいた。[19] なかには、「自分たちがやらずとも、長谷川らが成果を上げれば、同等の賠償を受けられるから」という噂も飛び交った。そのため、長谷川らは「とりあえず1000人ぐらいまとまればいい」と、原発事故をきっかけに知り合った弁護士に相談したところ、早速弁護士有志で説明会希望者だけで3000人を越えた。人口が6000余人の村で約半数が一つのイベントに参加するということは、少なくとも避難後は初めてだった。「誘われたのでおつきあいで」「よくわからないが乗り遅れるのはまずい」という人もいるだろうが、意欲に差はありながらも「村民の半数が参加」という事実は揺るぎのないものになった。

しかし、ADRが順風満帆でないことは、この時点で明らかになっていた。6月26日に、東京電力が「浪江町へ出された和解案は拒否する」と表明したのである。

このため、申立を表明する記者会見に先立って開いた申立団結成の会合では、「本当にADRで実利がとれるのか」と新聞を片手に質問する村民も現れた。

前後するが、菅野村長は、4月3日に、東京電力の担当者に対して「避難指示解除時期に応じた賠償の原則を厳守する」よう要求書を手渡した。これは、前月にADRセンターが飯舘村蕨平行政区の住民33世帯111人に対して出した和解案「蕨平は居住制限区域だが、汚染がひどいので帰還困難区域と同様に賠償は全損扱いにする」との和解案を得ていたことを踏まえている。つまり村長は東京電力に対して、「蕨平の住民には、当初の予定どおり5／6の賠償にとどめ、ADRの和解案のような厚遇はしないでくれ」と要求したととれる。これを知った蕨平行政区の申立人たちの抗議を受けて6月2日に謝罪し、東京電力宛の要求書から当該記述を削除して提出しなおしている。東京電力が、浪江町民に対する和解案を拒否したのはその3週間後である。[20]

3000人分の調書を作るため、弁護団は95名の大所帯となった。浪江町の場合は、馬場有町長一人が、申立を希望する町民約1万5000人の委託を受けて、委託者全員に一律に賠償の増額を行うよう申し立てている。飯舘村民の場合は、避難を強いられた村民一人一人が申立人となり、全員に共通する慰謝料の増額以外に、個別事例に対する和解仲裁の2とおりを申し立てている事例としては、この申立団が最大規模といえる。

そして、11月14日には、貸し切りバスを2台仕立てて約50人の村民がかけつけ、東京都港区新橋にあるADRセンターに、申立書を提出するパレードを行った。

6　村民が求めた原子力損害賠償

2014年11月14日にADRセンターに提出された申立書には、以下の項目が列挙されている。

> **和解の仲介を求める事項（申立の趣旨）**
>
> 1　東京電力株式会社（「東京電力」）は、申立人らに対して、福島第一原子力発電所の事故を惹き起こし、放出した放射性物質により福島県相馬郡飯舘村を強度に汚染し、飯舘村民に甚大な被害を与えたことに対する法的責任を認め、申立人ら及び飯舘村民に対して心から謝罪せよ。
>
> 2　東京電力は、申立人らに対し、放射性物質による長期間の無用な被ばくによって健康不安など精神的苦痛を与えた慰謝料として、一人金300万円を支払え。
>
> 3　東京電力は、申立人らに対し、2011年（平成23年）3月から、避難慰謝料として、現在の一人月額10万円の慰謝料を含めて一人月額35万円を支払え。
>
> 4　東京電力は、申立人らに対し、飯舘村民としての生活を破壊し、精神的苦痛を与えた慰謝料として、一人金2000万円を支払え。
>
> 5　東京電力は、申立人らのうち、「住居確保に関する損害」を提示した者らに対し、既払額を除き、提示した「賠償上限限度額」（但し、申立人のうち、帰還困難区域以外の者については、宅地取得費用は、帰還困難区域と同額とする）までの金員を、条件を付すことなく直ちに支払え。
>
> 6　東京電力は、申立人らに対し、申立人らが本件申立について支出を余儀なくされた相当な弁護士費用を支払え。

以上の事項につき、和解の仲介を求める。

一見しただけでは、賠償金の額が問題であるように読めるかもしれないが、生活破壊の意味、特に金額に換算しにくいマイナーサブシステンスが奪われたことや、人間関係が大きく損なわれたことで、飯舘村で命を全うし土になるまで思い描いていたライフスタイル、ライフプランをいきなり奪われた集団と捉えると、金額以上の価値が失われたことがわかるだろう。その一方で「謝罪せよ」というお金にもならない要求があり、違和感を抱くかもしれない。住民の前で土下座する東京電力社員の姿をテレビか新聞で見たことを思い出し「すでにあやまっているではないか」と考えるかもしれない。確かに、東京電力が発行する文書には、「当社福島第一原子力発電所および福島第二原子力発電所の事故により、発電所周辺地域の皆さまをはじめ、広く社会の皆さまに大変なご迷惑とご心配をおかけしておりますことを、改めて心よりお詫び申し上げます。」などとあって、文面上は謝罪しているように見える。が、申し立てた飯舘村民は、東京電力に謝られた認識はない。そもそも飯舘村民にとっては、福島第一原発はこれまで何の恩恵も受けたことのない施設である。同発電所で発電された電力は、東京電力の管内に供給され、福島県民は利用していない。また、同発電所が立地する双葉郡双葉町と大熊町には、電源三法によって交付金がもたらされ、体育館などの施設が次々と建設され、原発関連事業所に食を得て出稼ぎの必要がなくなるなど町の振興に原発が寄与したことは知られているが、飯舘村には無関係である。

そして、2項以下にあげられた金額はいずれも、先行する申立の和解案や交通事故の賠償などを参考にして算出したもので決して荒唐無稽ではない。

長谷川は「飯舘の人はおとなしいんだよな。怒んねえんだもの。東電のせいで俺たちは避難しなくてはならなくなったのに、『こんないいところに住ませてもらって』なんていう年寄りまでいる。それでも3000人集まったってのは、よっぽどのことなんだよ」と、話す。ちなみに飯舘村では、この集団申立以外にも行政区を単位とするなどした数十〜100数十人規模の申立がいくつか行われており、これらもあわせると3400人以上がADRセンターへの申立を行っていることになる。言い換えれば、菅野典雄村長が否定的に見ている「避難区域別の賠償枠を越えた賠償を求める行為」を村民の半数以上が行ったことになる。

だが、3000人が単に一致団結して事に当たっているようには見えない。2012年10月、避難後初めての村長選は、現職の対抗馬を立てることもなく、菅野典雄氏が無投票で再選された。

2016年10月の村長選には、集団ADRの申立人でもある村議の1人が対抗馬として立ち、再選された菅野村長の2123票に対して1542票を得た。また、避難指示解除後半年での実施となった村議選（2017年9月）では、定員10名のところに12名が立候補し、当選した半数が新人、村議の6割が集団ADR申立人という結果になった。その中には30代と40代の新人もいるが、当面帰村する予定はないという。

ADRの和解案は2017年6月になってようやく10世帯の申立の一部にのみ和解案が示された。3000人の申立に対する和解案がいつ出るのかは、まだ見通しすらない。東京電力の和解案拒否が続くことに対して仲介委員の躊躇も垣間見える。裁判に進む村民も出てくるだろう。

村長選や村議選の結果には避難施策に対する不満を反映した側面があるといえるだろう。ADR申立も同様の表れといえるが、制度運用においては、村民の期待に応えるようには機能していないのが現状である。

村内では、家を建て直す風景も見られる一方で、再び住むあてのない傷んだ家屋を解体する家も多い。更地の片隅に、仮設トイレと一間のプレハブ住宅を建て、墓参などの際の便宜を確保している家もある。いびつな形での村民生活は、今後も長く続くことになる。

注

1　ADRはAlternative Dispute Resolutionの略で、裁判に依らない法手続きを行う仕組みを指す。交通事故の仲裁には公益財団法人や日本損害保険協会などが設置するADRセンターがある。原発事故はこれと区別して原発ADRと呼ばれるが、ここではADRと記す。

2　「和解仲介手続の実施状況（平成29年9月15日現在）」（http://www.mext.go.jp/a_menu/genshi_baisho/jiko_baisho/detail/1329118.htm、最終閲覧日：2017年9月20日）。

3　2014年11月14日申立、2017年10月6日現在継続中。

4　『福島県史9』が引用する『御経済略記』には、天明3年に起きた大飢饉の被害を「山中皆無、宇多郷北郷中郷大凶作、小高両標葉凶作」と記している。

5　居久根（いぐね）と呼ばれている。

6　1898年（明治22）まで18あった自然村の境界を基礎に区分けされている。同年に飯曽村と大舘村にまとまり、1956年（昭和31）に現在の飯舘村になった。

7　1989年に第一回が開催され、2017年現在も続いている。

8　現在は名称が「県民健康調査」と変更されている（福島県「県民健康調査」検討委員会　資料1　県民健康調査「基本調査」の実施状況について、http://www.pref.fukushima.lg.jp/site/portal/kenkocyosa-kentoiinkai.html、最終閲覧日：2017年9月20日）。

9　放射線管理区域の指定は、放射性同位元素等による放射線障害の防止に関する法律、労働安全衛生法令、人事院規則で「3ヵ月1.3ミリシーベルト」と定義していることから、12ヵ月＝5.2ミリシーベルト。

10　飯舘村に次ぐ、高レベル被曝者数が推計されている浪江町の人口は、20,908人（2010年国勢調査）18,265人（2015年5月現在）。

11　基本調査は外部被曝の推計のみ。呼吸や飲食により体内に取り込んでしまった放射性物質による内部被曝は含まない。

12　山下俊一氏と高村昇氏が一般向け講演を行ったのは他に、いわき市、福島市、川俣町、会津若松市、大玉村（二本松市の隣）、郡山市、白河市、田村市。

13　SPEEDIはSystem for Prediction of Environmental Emergency Dose Informationの略称。1984年に完成し運用開始。ただし東日本大震災にあたっては、計算の元となるデータを得るための各地のモニタリングポストが機能停止したため信頼性に疑問があるなどとして公表しなかったとされている。

14　葛尾村は村長の判断で3月14日の夜に全村民を福島市に自主避難させた。浪江町と南相馬市は、すでに面積の約半分が20キロメートル圏内の避難指示を受けている。

15　2年とした根拠を菅野村長に尋ねた長谷川健一前田行政区長は、「1年では無理だろう、でも3年では長すぎるから」と回答を得たという。

16　「『飯舘村の子どもの将来を考える会』要望書提出のようす」、（http://www.vill.iitate.fukushima.jp/site/photonews/268.html、最終閲覧日：2017年9月20日）。

17　NHK「証言記録　東日本大震災　逃げるか留まるか迫られた選択」（2013年6月30日放送）より

18　飯舘村公式サイト内「飯舘村　村民の避難状況について」、（http://www.vill.iitate.fukushima.jp/soshiki/9/424.html、最終閲覧日：2017年9月20日）。

19　帰還困難区域となった南端の長泥地区では、すでに2014年にADRの和解案を手にしているが、参加したのは全世帯の半分程度だった。残りの世帯は、その後別途ADRを模索している。

20　東京電力は、浪江町民の申立に出された和解案を拒否するとしている。このためADRセンターは、2015年12月17日に東京電力に対して和解案受諾勧告書を提示している。

参考文献

市澤秀耕・市澤美由紀 2013『椏久里の記録 : 山の珈琲屋飯舘』言叢社。

小澤祥司 2012『飯舘村　6000人が美しい村を追われた』七つ森書館。
影山美知子 2014『飯舘村を歩く』七つ森書館。
原発被害糾弾飯舘村民救済申立団 2014『かえせ飯舘村　飯舘村民損害賠償等請求事件　申立書等資料集』原発被害糾弾飯舘村民救済申立団　飯舘村村民救済弁護団)。
菅野典雄 2011『美しい村に放射能が降った――飯舘村長・決断と覚悟の120日』ワニブックスPLUS新書)
境野健兒・千葉悦子・松野光伸編著 2011『小さな自治体の大きな挑戦　飯舘村における地域づくり』八朔社。
study 2007『見捨てられた初期被曝』(2015年、岩波書店)
千葉悦子・松野光伸 2012『飯舘村は負けない　土と人の未来のために』岩波新書。
長谷川健一 2014『までいな村　飯舘』七つ森書館。
日野行介 2013『福島原発事故 県民健康管理調査の闇 』岩波新書。
除本理史・渡辺淑彦 編著 2015「原発災害はなぜ不均等な復興をもたらすのか　福島事故から『人間の復興』,地域再生へ」ミネルヴァ書房。

第6章　新潟県における福島第一原発事故避難者の現状と課題

渡邊 登

1　水俣病被害者と福島第一原子力発電所事故被災者

東日本大震災による福島第1原発の事故を受けて、避難者救済に対する市民のさまざまな行動が見られるが、そのなかで水俣病患者（とその支援者）の訴えが注目される。

2011年5月14日環境大臣と水俣病患者・被害者八団体との懇談会が開催されたが、その席上で水俣病互助会と水俣病被害者互助会が要望書を提出し、水俣病の被害拡大や被害者放置の歴史と重ね「福島第一原発事故では大量の放射性物質が拡散し、極めて深刻な状況にある。妊娠中の女性や子どもたちを放射線曝露（ばくろ）から守るため最大限の努力をすべきだ」と求めたという[1]。

> 「水俣病では国も原因企業も被害を過小評価した。どんな被害があり、どれほどの補償が必要か、被害者側から声をあげないと、力の強い企業や団体への補償が優先される。」（水俣病被害者互助会の谷津一事務局長）[2]

1956年5月1日に最初の水俣病患者が正式に確認されたにもかかわらず、被害原因の認定もないままに放置され、第2の水俣病が新潟県阿賀野川流域において発覚したのは1965年であった。そして、政府がようやく公害の原因を正式に確認したのは、アセトアルデヒド関係工場が生産を終え、その「歴史的使命」を終えた1968年である[3]。

それから、50年近い年月が過ぎ人びとの記憶も風化し、水俣病問題は既に解決したかのような印象すら覚える。しかし、実際にはこの間、たとえば新潟では5次にわたる患者認定・補償を求める裁判が起こされている。また、最終決着とされた水俣病救済特別措置法（2009年制定、2010年5月より申請受付）による救済策も2012年7月31日で申請を締め切るという時限立法で、最終的に申請者（熊本、鹿児島、新潟）は65,151人にも及んだ[4]。しかも、締め切り直前の7月の申請者が熊本4,495人、鹿児島2,147人、新潟443人の計7,562人[5]と申請期間中の最多人数であった。

水俣病と闘いながらも、未だに水俣病と認定すらされない多くの水俣病被害者が日常生活を送っているという現実がある。水俣病問題は半世紀近く経ってもなお未解決の問題であり、この公式確認から60年近い歳月が経っても未だに水俣病被害の全貌が明らかにされていないのだ。今回の特措法における患者認定申請数の増加が物語るのは水俣病被害者自身においても水俣病であることが自覚化されていない、あるいは自らの「水俣病者」としての存在が隠蔽されているという事実である。それは政府による極めて限定的な水俣病解釈によって水俣病被害者が隠蔽されてきた＝本人も自らが水俣病であることが自覚化されない状況、さらに水俣病者であることを表明することによって被る差別を避けようとするために生み出された状況なのである。この事態に変化をもたらしたのは、2004年の「関西水俣病訴訟」に関する最高裁判決によって感覚障害のみでも水俣病であることが認定されたことによるものであり、その後、水俣病特措法のもとで患者認定申請が増加することになる。これは福島第1原発事故において「区域解除」によって低線量被曝者を「被害者」から除外し、幕引きを図ろうとする作為と同根であり、被害の「隠蔽」に他ならない[6]。

警戒区域の再編・見直し、そして解除の方針が進められ、「復興」が加速化されていく。2014年4月1日には田村市都路地区、10月1日川内村の避難指示解除準備区域の避難指示が解除され、2015年9月5日には楢葉町の避難指示も解除された。

政府は2015年6月12日「福島復興加速化指針」（改訂版）を発表し、「事故から6年を超えて避難指示の継続が見込まれる帰還困難区域以外の区域、すなわち避難指示解除準備区域・居住制限区域については、各市町村の復興計画等も踏まえ遅くとも事故から6年後（平成29年3月）までに避難指示を解除」するとした。

これに先だって、福島県は自主避難者について避難先での住宅無償提供を2016年度で終える方針を固め[7]、同年6月15日に発表した[8]。

先の水俣病者の訴えは福島第一原発事故の被害においても水俣病と同様の構図が繰り返される可能性を危惧しての発言であったが、その後の経過を見ると、この主張が杞憂ではなかったことが明らかとなっている。復興加速化と称する区域指定解除の早期化は「被害者」の極小化、終息を図ろうとする作為と同根である。

しかし、この作為と被災者に対する私たちの「まなざし」は共犯関係にある。いや、「まなざしの不在」といった方が正確であろう。水俣病に対して忘却し水俣病は既に終わっているという認識と同様に、私たちは福島第一原発事故の被害に対しても忘却しつつある。

今回の原発事故後4年の経過のなかで、朝日新聞の全国世論調査結果によれば、「国民の間で福島第一原発事故の被災者への関心が薄れ、風化しつつあるかと思うか」という問いに対して「関心が薄れ、風化しつつある」とする回答が7割を超えており（73%）、国民の間で「忘却」が進みつつあることを裏づけている[9]。3.11で私たちは享受してきた「豊かさ」の空虚さを自覚したはずであるにもかかわらず、3.11以前の豊かさを取り戻すための原発事故後の「日常」がはじまっている[10]。

福島県内外への避難者は依然として10万人を超え（105,579人）、そのうち県外への避難者数は44,387人（2015年9月10日現在）に達する。都道府県別では、東京が最も多く5,915人、次いで埼玉県4,804人、新潟県3,594人となっている。新潟県は福島県（福島第一、第二原発）と同様に東京電力の柏崎刈羽原発が存在し、首都圏への電力供給基地の役割を果たしてきた。両県ともに東電からの電力供給対象地域ではなく、東北電力の電力供給エリアであり、言うなれば同じ受苦圏に属するという特徴をもつ。

本章では今現在避難者がどのような状況に置かれているのか、それぞれの立ち位置の違いを踏まえつつ、その思いを明らかにし、そこから何が問題なのかについて、新潟県、とりわけ新潟市への当事者グループへのインタビューに基づいて、考えてみたいと思う。

2　新潟県への避難者の状況の推移・傾向

まず、新潟県への避難の状況について見ていきたい。同県への避難者の状況については既に稲垣（2012）、高橋ほか（2012）、松井（2013）、高橋（2014）等で明らかにされている。

新潟県は事故当初の段階で全国で最も多くの避難者を受け入れており、その後他都県の受け入れ体制が整備されてからも、最も多くの避難者を受け入れ続けている自治体の一つである。

福島県からの避難者は当初、警戒区域内からの避難者が圧倒的に多かったが、その後警戒区域外からの「自主避難者」（高橋 2014 : 36）[11] が増え、2012 年夏頃にほぼ同じ程度の数となって、現在に至っている。「自主避難者」

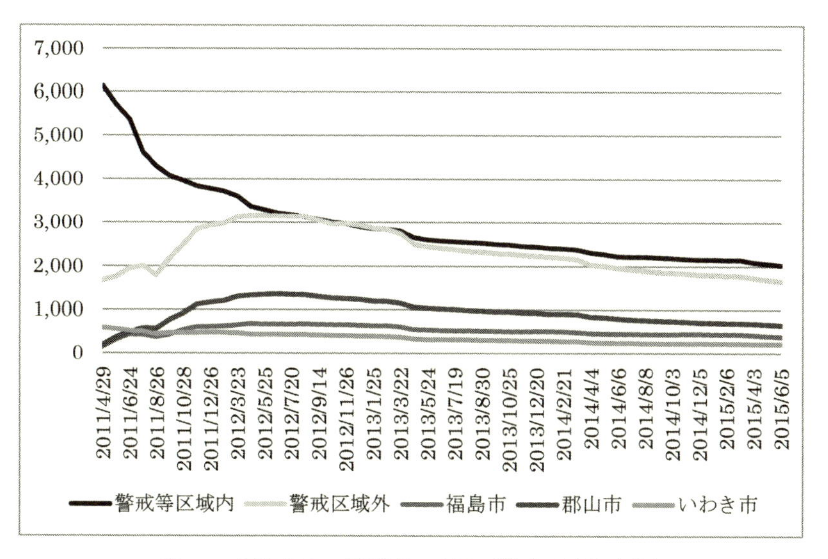

図 6-1　福島からの避難者の内訳（警戒区域等内外）

は郡山市、福島市、いわき市からの避難者がその多数を占めている（以上、**図 6-1** を参照）。

また、受け入れ市町村別にみると当初は柏崎市が多かったが（2011 年 4 月 29 日で新潟市 754 人、柏崎市 2,042 人）、新潟市への避難者が増え、2011 年 9 月以降（9 月 26 日で新潟市 1,749 人、柏崎市 1,698 人）にはその数が逆転した（**図 6-2** を参照）。その理由は、両市の避難元自治体の違いから見て取れる。柏崎市では 2011 年 4 月の時点で警戒区域からの避難者が 9 割を超えており（91.3%）、とくに福島第一原発、福島第 2 原発の立地地域の住民をはじめとした双葉郡からの避難者が圧倒的多かった。そして、これは現在に至っても同様の傾向が続いている（2015 年 10 月 31 日現在で 96.1%）。これは同地域には、福島と同じく、東京電力の柏崎刈羽原発が存在し、この東電関係者等がその関係を頼って避難した、あるいは同地での仕事経験ある等の理由が考えられる（稲垣 2012、松井 2013）。それに対して、新潟市においては同年 4 月の時点では警戒区域からの避難者比率が 7 割を超えていたが（75.3%）、その後「自主避難者」が増え、同年 8 月には約 4 割（44.2%）、9 月には 3 割（31.7%）、10 月以降は 2 割台となり（28.9%）、現在に至っている（2015 年 10 月 31 日現在で 27.1%）（**図 6-3** を参照）。

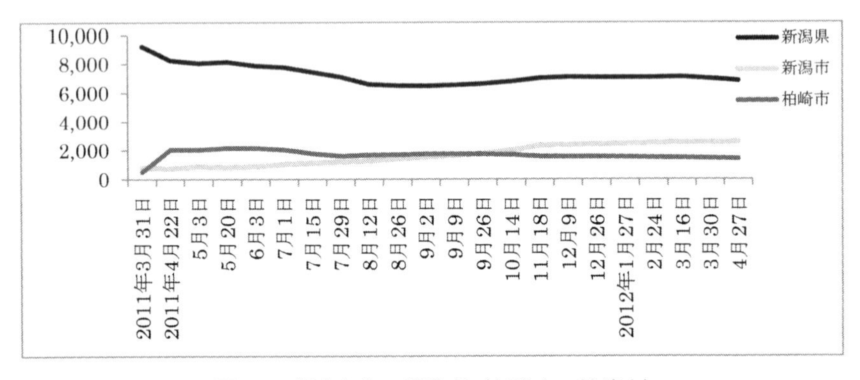

図 6-2　福島からの避難者（新潟市・柏崎市）

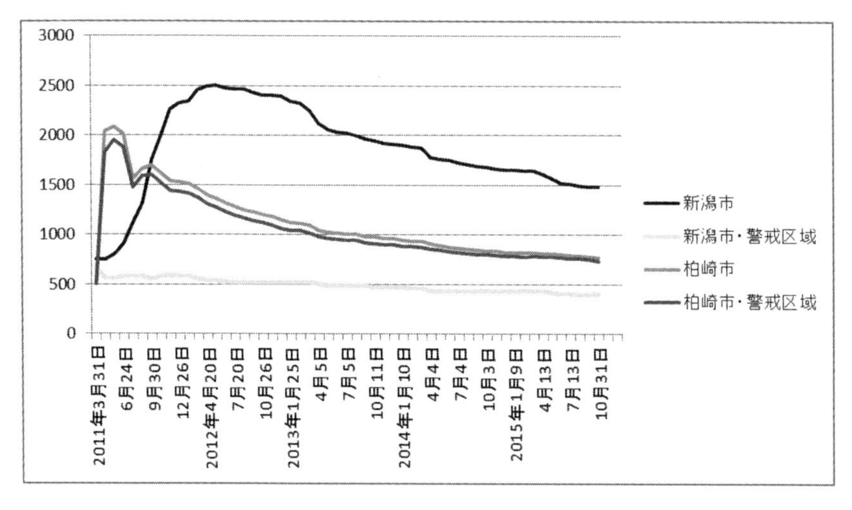

図 6-3　福島からの避難者（新潟・柏崎両市警戒区域内外内訳）

3　新潟県における避難生活の状況に関して――新潟県「避難生活の状況に関する調査」結果から

新潟県は避難者に対して毎年、避難生活状況調査（「避難生活の状況に関する調査」（2013年4月、2014年3月、2015年3月、以下「調査」）を行っており、避難者の現状を概観することができる。なお、本調査は悉皆調査（全数調査）で、対象は個人ではなく世帯となっており、世帯における回答者の位置によって当該世帯を代表する回答ではない可能性もある。また、回答率が2013年83.2%（警戒区域等内[12]からの避難者、以下、「区域内」）91.1%、警戒区域等外からの避難者（以下、「区域外」）76.3%）、2014年75.7%（「区域内」73.8%、「区域外」77.7%）、2015年75.4%（「区域内」73.4%、「区域外」77.4%）と回答率は高いが、ランダムサンプリング調査ではないために回答世帯に何らかのバイアスがある可能性も否定はできない。しかし、全体的に避難者の置かれている現状を知る上では極めて貴重な調査であり、以上の点を留意した上で、以下では特徴的な点について概括したい。

今後の生活拠点に関してどう考えるかという問いに対して2013年では「避

難元の県に戻って生活する」（以下、「帰還」）45.2%「今後の生活拠点をどうするか未定」（同「未定」）35.3%、「このまま新潟県に定住する」（同、「定住」）16.4%となっている。ただし、「帰還」と回答した人でも「戻る時期」は「未定」とした人が約7割（73.2%）と圧倒的に多く、また「どのような状況になれば避難元の県に戻りたいか」という問いに対して「未定」「来年度以降」と答えた人の7割弱（68.5%）が「放射線量、除染の状況」としており、除染が進まない状況への不安や苛立ちが想像できる。これは「定住」「未定」の理由とも一致する。彼ら彼女らも、「定住」「未定」とも約4割（それぞれ39.0%、42.0%）が「放射線量」についての不安をあげている。

「区域内」「区域外」を比べると両区域とも「帰還」が2013年、2014年と最も多いが、その内訳は「区域内」が「区域外」に比べて多く（2013年で50%に対して41%、2014年で41%に対して35%）、それに対して「定住」は「区域外」が「区域内」よりも多い（2013年22%に対して12%、2014年は24%に対して20%）。また、「帰還」のうち戻る時期を「未定」「来年度以降」と答えた人も福島県に戻って生活するための条件として放射線量の低減、除染がなされていることを挙げる人も「区域外」の人が、「区域内」に比べて多い（2013年前者76%、後者63%、2014年前者67%、後者44%）。福島への帰還の意思をもっている人のなかでも、とくに「区域外」（＝自主避難者）が放射線量による健康被害に対してより不安を強く持っていることがわかる。「区域内」の人も「帰還」の条件として「放射線量」の問題をあげる人が最も多いが、それに次いで約2割が「他の住民の帰還、ライフライン復旧、各種施設再開」（2013年19%、2014年16%）、他には「就職、転勤、職場の再開」（2013年13%、2014年19%）と、たとえ帰還したとしても、その先の地域生活への不安が「放射線量」とともに、「帰還」を躊躇させる理由となっており、同じく帰還を希望する「区域外」の「自主避難者」との温度差がある。

2014年でも全体的には「帰還」が38.1%と最も多いが、「未定」が36.7%と比率的にはほぼ同じとなり、また「定住」も21.8%となる。とくに「区域外」では「未定」が最も多く39%となり、「帰還」の35%を上回る。もちろん、2013年に比べて避難者世帯数自体が減っており（1909世帯から1748

世帯と161世帯減、回答世帯は1588世帯から1324世帯と264世帯)、これらの帰還者（ないし他都道府県への「転出者」）が減れば、当然「帰還」以外の「未定」「定住」の全体における比率があがるのは当然であるが、ここで注目したいのは「未定」とした人の理由である。この「未定」の理由については自由記述となっており、アフターコーディングによる集計（複数回答）となっている。2013年に比べて2014年では回答者数が「区域外」で15人減っているが（「理由」未記入者を勘案すると20人減)、「理由」回答数は増加している、つまり前年よりも多くが複数の理由を記述しているということになる。前年度よりも理由として増えたのは「先行き不透明」「家族内で結論が出ていない」「進学先未定」（母子避難等で子どもの進学先が未定)、「経済的理由」である。そこには福島への「帰還」への逡巡、しかしながら、それ以外の生活の拠点を定めることも出来ずにいる先の見えない現実と向き合わざるを得ない姿が浮き彫りにされる。

この傾向は2015年も変わらない（「生活の安定」57%、「転職、転勤」28%、「放射線量」24%)。避難先での定住のための、日常生活の基盤をいかに構築するかに関心が移ってきていると見ることも出来よう。しかし、「区域外」の場合に限って定住を決断した人を実数（世帯数）で見ると、2013年で173人が、2014年160人、2015年には132人と一貫して減少傾向になる。「区域内」の人が2013年96人、2014年129人、2015年122人と、当初は「定住」を決めることに躊躇をしていたが、その後「安定」を求めて定住へと踏み出したと（このデータから推測できるのとは）は対照的である。これは「区域外」＝「自主避難者」にとって生活を維持することがいかに大変であるかを物語っているとみることもできよう。

実際に（自由回答であるが)「今後避難生活に関して困っていること、不安なこと」については「区域外」では「区域内」に比べて一貫して「生活費の負担が重い」と回答する人が多い。また、行政への意見、要望としては「借り上げ住宅の期間延長」、次いで「高速無料化」を求める人が多い。この生活に関するさまざまな困難さが、決断を躊躇させたり、それを変更したり、断念する原因の一つになっていることは予測できる。

しかしながら、以上の現状分析はあくまでも質問紙調査での回答データに基づいたものである。それぞれの回答の背景にある、多くの人びとのさまざまな思い、個々の避難者がこれまで何を考え、現時点で現状について具体的にどのような点に不安や苦悩、悲しみ、諦念、そして希望を感じ（あるいは希望を失い）、「帰還」を考え、あるいは「帰還」を躊躇して「未定」と答え、または「帰還」を断念して「定住」と答えたのかを知ることはできない。

次節以降では、新潟市への避難者の当事者グループに焦点をあて、この点について考えてみたい。

4　避難者の抱えている現状と課題――「新潟避難ママの会」

以下ではまず、新潟市西区の避難者交流グループである「新潟避難ママの会」の結成経緯、活動について、主に代表のAさんへの聴き取り調査から明らかにする[13]。

同会は2011年12月に新潟市西区の避難者交流会で知り合った母親同士で結成された。新潟県では東日本大震災発生後、80カ所の避難所を開設したが、新潟市西区の西総合スポーツセンター（コスポ）もその一つであった。同年8月に1次避難所としての使命を終えて以降も同所では毎月のように避難者交流会が行われてきた。交流会は午前9時半から始まり、昼食を挟んで午後4時頃まで開催された。この時間内の入退出は自由で人びとはそれぞれの事情に合わせて交流会に参加できるようになっていた。

「新潟避難ママの会」はこの交流会で出会った人びとの間でのメールの交換から始まった。当時の交流会では、避難元地域ごとにテーブルが分けられており、強制避難区域からの避難者は比較的高齢者の夫婦、自主避難者は母子避難が多く、そこには微妙な壁が存在した。

> 「あの自主避難も強制避難、あのもともとその分断っていうものが、いいことと思えなくて、なんていうんでしょうね、もうそれ自体がもう仕組まれたものじゃないんですけど、分断によるメリットって何だろうってすご

く思ったんですよね、その、まとまらないっていうことは意見も集約できませんし、考え方も散り散りになってしまうというか、そういうのもなんとか集約できないのかなと。ここ2(人)で会うより6(人)で会えば、すごい数になるのに、もったいないなあと思って、何かこうそれこそ、こう例えば行政とか、国とかに意見をあげるときに、たった2の数字だったら6あった方が絶対にいいし、これが今3っていう数字だったけども、例えば5だったり10だったりすればもっと大きな数になるじゃないですか。なんとか、なるでしょう、って思ったんですよ。」

それぞれが置かれている立場・事情の違い＝避難理由の違い(強制 or「自主」)、それぞれの家族構成、年齢等々の壁を超えるためには、その溝を埋めるためのさまざまな努力が必要だ。そのためのコーディネーターでもいれば良いのだが、どこの交流所に行ってもそのような存在の人はなかなかいない。もちろん、主催側の市役所としてもスタッフは配置するが、交流会の進行は避難者に委ねられており、それぞれの関係に介入をしないように配慮をしていた。

「もう少し一歩踏み込んで、何か、できるんじゃないのかなーっていうか、ほんのちょっと声をかけてあげればあそことあそこは仲良くなるとか、そことそこが、例えばかみ合わなくてもすむようなこともできるかもしれないとか……(中略)……そういうところに割ってはいるんじゃないんですけど、接着剤的な役割を担おうと思って。まあ、要はそういうことでしょって相手が考えることを、その相手に上手く伝えられれば。」

同会でAさんがまさに「接着剤的」役割を担うことが出来たのはAさんのパーソナリティによるところが大きいが、それとともに彼女の避難元地域の特殊事情、体験してきた避難生活にもよる。

「わたし多分すごいいい立場だったのは、実はうちはその旧緊急時避難準備区域っていうとこなんですよ。だから半年間だけ強制避難に近い状態があったし、そのたった半年を過ぎたら、もう完全に自主避難だったんですよ。だから両方の気持ちがわかるんですね。でまた年配の人がこう体験した津波、地震は当然体験してますし、で、その一、自主避難の原発事故も当然体験してますから、うち特殊なんですよそういう意味で。全部を多分一通り体験したんです……（中略）……そしてさらにその、なんだろ避難所生活も体験したし、逆にその避難所から、夫の都合で、なんでもない地域にも行ったし、その一、避難を諦めた時期とか、逆にその妊娠をきっかけにまた新潟に戻ってきて、そのアパートの、借り上げ住宅生活っていうのもやったからみんながやったものって大体どれも体験していて。」

もともと2～3人で結成した会が、現在は100世帯で300名以上にもなっている。ただ、母子避難が多いので子どもが多数で母親は100人程度、年代的に一番多いのが30代から40代前半であるという。現在は2013年6月にオープンした西区の常設の避難者交流施設を拠点として活動している。新潟市では、2011年10月に空き家を市が借り受けて、新潟NPO協会が運営する避難者交流施設「ふりっぷはうす」が東区に開設されていたが、西区のそれは市が運営する施設である[14]。

何に対して不安を感じ、疑問をもち、また孤立感を抱いているかは共通していて、何をしなければならないかは明らかだった。母子避難は単身避難や子どもがいない家庭に比べて大きなストレスを抱えて暮らしている。

立ち上げ当初は拠点も予算もなく活動をするのは非常に困難ではあったが、まず必要な支援として、引きこもりを防ぐ講習会等を開催した。

「材料費はもとよりですね、授業料なども支払えるはずもなくて、なんと講師は私自身で、材料はあるものや寄付を使いました。地道な活動を続ける中で、参加者から聞こえてくる心の声、特にハンドメイドとか、お茶会では、何気ない会話から多くの問題が出てくることが珍しくありませんでした。」

たとえば、同会結成当時に母子避難の厳しい事情がAさんの口から語られた。やや長いがそのまま引用する。ここには、見てきた「避難生活の状況に関する調査」における「帰還」「未定」「定住」を選択する、あるいはいったん決めたものの、それを実現することが可能でなかった状況の一端を垣間見ることができる。そもそも、このようなカテゴリーで括ることが出来ない事情、状況がそこにはある。

「母子避難の中にはですね、当時、家族や身内に反対されながら避難をしてきた人も多くいました。放射能への理解がなかったために意見の不一致なども多く、それが原因で離婚に至ったケースもありました。母親は子供を守りたい一心で避難、夫やその家族からは『戻ってこい、みんなこっちで生活しているから大丈夫だ。逃げている人なんていない。地元を捨てるのか』と責められ、なぜ避難しなくてはならないのか、当時の情報だけでは簡単に説得できるものではなかったと思います。子供のための避難のはずが子供を苦しめているかもしれない。１人の子育てに限界を感じる当時のママ達の悩みというのはとても深刻でした。」

地元にとどまって生活している夫や家族とのズレ、それでも避難を続けていくことにさまざまな迷いが生まれてくる。「帰還」「定住」「未定」のどれを選択するかの際におそらく感じるであろう苦痛、苦悩、逡巡、諦念がここにある。

「ボランティアでの活動の中、支援物資の配布なども自分たちで行っていました。支援物資を取りにいくのも配布するのも実費です。あるときたまたま野菜の支援があり、いつものように配布していた時のことです。『助かりました』と一声かけられました。いつもの一言です。珍しくない会話です。しかし、このときの『助かりました』はちょっと違いました。よく話を聞くと、明日食べるものがなかった。どうしようかと思った。その方はですね、行政や社協に相談もしたそうです。しかしですね、夫と離婚していないそのかたにはですね、子どもと母子家庭に近い生活をしていてもどこからも支援を受けることができなかったんです。」

なぜ、明日の食事にも事欠くようなギリギリの生活をせざるを得なかったのか。避難者それぞれが置かれている現状（＝直面している困難）はそれこそ避難者の数だけ存在するといってもよいにも拘わらず、それに柔軟に応えられるような方策がない。

「二重生活に耐えられなくなった夫がですね、生活費をぎりぎりに送金してくるんです。お金がなければ経済的にやっていけないだろう。音をあげて帰ってくる、そう思っていたそうです。遅れても生活費の送金自体はしているので、アウトにはならない。同じようなケースでは、二重生活が家計の経済を圧迫し、妻のほうも夫のほうもぎりぎりで生活しているというケース。こちらは珍しくありませんでした。奥さんは節約しながら、生活を切り詰め、子供のために少ない生活費をやりくりしながら頑張っていたそうです。

こういったケースの場合、行政で救うことはできません。生活保護や母子手当を受けることもできません。離婚をしない限り助けてもらうことができないんです。原因はですね、夫の収入がちゃんとあってもですね、住宅ローンなど。新築の家を建てて、ローンがまだ残っている、そんななかでの二重生活。経済的な重圧はすごい負担です。しかも、新築で建てた家は、放射線量を気にして住むことができず、大きな家があるにもかかわらず、今も狭いアパートで避難しているんです。同様のケースの場合、そこでだいたい諦めて、地元への帰還をした方というのがたくさん、これまでもおります。」

「自主避難」者（=「区域外」）がいったん「定住」を選択しても、それを諦めざるを得なくなるという苦渋の決断がある。それでも諦めきれない場合にはどうするか。

「今回そのお野菜の提供で訪れた最初のママはですね、放射能で将来、自分の子供が病気になるかもしれないのであれば、いっそのこと避難先で首でもつろうかと考えていたそうです。みなさん、なぜそこまでと思うかもしれません。けれどですね、そこの家庭のお子さんにもまた甲状腺に膿疱が見つかっていたんです。膿疱はすべてが癌になるというわけではありません。しかし、絶対にならないという保障もないんです。苦労して生んだ我が子だからこそ健康であってほしい。原発の事故があるまで、一生懸命食べ物に気をつけてきたお母さん達がたくさんいるなかで自分たちにはどうすることもできない現実があります。」

当事者グループとして、それぞれが抱えている個別あるいは共通の事情、困難や悩み、行き場のない不安などをため込まず、どのように吐きだし、解消とはいかないにしても、それを理解し、前に向くきっかけとこの場がなることが役割であるとする。会では月に少なくとも２回程度は集まっている。

「あの、何するかっていうと、例えばハンドメイドであれば、何か作る、っていうことが本来はメインになると思うんですけど、うちの会は、作るのは二の次なんですよ。一応作る、っていうことで集まるんですけど、基本はもうおしゃべり。大事なのは吐き出すことと、言いたいことを言うっていうこと。それから何か引き出すってことが大事ですよね、その人が、今、どんな状態におかれているかっていうことを、なんとなく察知することが、すごく大事で。それをすることによって、今その人がどういう状況に、置かれてて、何を、こう、何で困ってる、何、に対して、なんかこう、なんていうんだろう、こうしたいこう、して欲しいっていうのがあるのかなーっていうのを、なんでもない会話から引き出すっていうことが、大事なんです、これは、例えば、今度じゃあ、相談聞いてあげるよ、おいでって言って、じゃあまあ座って、って言われたら絶対に出てこないんですよね。」

同会は当事者グループとして当事者支援を 4 年間続けてきたが、今回の政府や福島県の決定にあるように、「復興加速化」の名の下に住宅の支援打ち切りが（今度こそ）現実の問題となる可能性が極めて高まった状況に直面し、ボランティアの任意団体としての従来のような対応では解決が出来ない事態に立ち至っているという認識があり、今までの支援者にも後押しされて、NPO 法人「スマイルサポート新潟」を立ち上げた（2015 年 3 月新潟市より設立承認）。

「今までのそのメンタルケア、とか、その 1 人の孤立感を防ぎたいとかそういう情報の共有だけじゃなくって、なんていうんだろう、今度は、えっと、なんていうのかな、その住宅支援が切れる、よりリアルな、現実的な問題が今出てきたわけですよね。その精神面ではなく、その今ここにいるためにほんとに必要なものが、今断ち切られるかもしれない。それをどうしようかなって今思って。なんかその NPO みたいなのだったら、法人なわけだから、その個人でできない大きなことが、少しできるかもしれないと思って。そのために今少し、動いてたりしているんです。なかなか法人といえども、難しい、ですね。助成金申請したりしないと、やっぱり動かないんだなっていうのは、あるんですけど。」

「『生活のための復興』ではなく『復興のための復興』」（関 2015：135）が

国策として進められている現状で、このNPOを基盤としてどのような対応が可能となるのだろうか。同会のHP（http://smile55net.blog.fc2.com/blog-entry-1.html）では設立趣旨として

以下のことを掲げている。

> 「2011年に任意団体として活動を開始してから、間もなく5年になろうとしています。
> 東日本大震災及び東京電力福島第一原発事故は、日本が今までに経験した事のない、かつてない大きな被害をもたらしました。そして、未だ多くの被災者の方々が生活再建に苦しんでおります。被災者・避難者を取り巻く環境も月日と共に変化し、時間の経過と共に新たな課題・問題も出てきております。
> 当法人は、そんな大規模災害により避難された方々・被災された方々をこれからもサポートしていくと共に、今後より広い範囲で充実した活動を行いたいと考えております。
> また、福祉・防災・子どもの健全育成・生きがいづくり・生活再建・地域貢献・ボランティア育成等の活動を行い、その発展・向上を目指し、公共の利益に寄与する事を目的としています。」

避難者の当事者支援とともに、さらに広い範囲で充実した活動という場合の「充実した活動」の含意は何だろうか。次の「また」で続く、活動メニューから一様ではない思いがそこには透けて見える。「生きがいづくり」「生活再建」はどのようにして可能なのだろうか。それをAさんは「根づく」という言葉を用いた。現在の厳しい状況を乗り越えて安定した生活をするためには、まず地域社会に「根づく」ことが必要だとAさんは考える。もちろん、この言葉は「帰還」を前提している人にとっては不要な言葉かもしれない。しかし、「帰還」にしろ、「定住」にしろ、あるいは、そのどちらかにも決めかねている避難者にとっても、また、その決断をいかように変えようとも、それを柔軟に受容しうる地域の存在は不可欠である。ここでの地域社会は避難先の新潟でもあり、避難元としての福島県の各地域社会でもある。この地域社会に「根づく」ためにこのNPOは存在する。

5　再び現状を見つめて——新潟市西区避難交流施設での懇談会

2015年7月4日新潟県新潟市西区交流施設にて福島第一原発事故による新潟への避難者と、新潟市議会の災害対策議員連盟に参加する議員との懇談会がもたれた[15]。この日は同施設を拠点に活動している「新潟避難ママの会」のメンバーが「住宅支援」「高速道路無償化の延長」「就労・就学支援」等を口々に訴えた。彼女たちの強い不安感は、すでに指摘した政府・福島県の避難者帰還を強く促す政策発表にあった。

福島第一原発事故が実際には収束とはほど遠い現状の中で、政府の帰還「加速化」政策、自主避難者への福島県の「兵糧攻め」とでもいうべき方針に参加者の多くから強い異議が表明された。

「今回の帰還に向けての話が出たときに、安全を前提に話が進んでいるのがとても怖いなと思って……。廃炉に向けた作業で2020年からデブリ取り出しが始まるんですけど、今の準備段階でまだ何も試されていない段階で、これから通過的に出てくる放射線量のことは全くどこも触れていなくて、それがどのくらい出るのかっていうのかのも原子力対策課の方に聞いても誰も予想していなくて、「想定外のこともこれから起こるかもしれません」って言うんですけど、その議論がされない、その議論っていうか、まず、話に入っていなくて次のことまだ何も分からないのに試してもいないのに「大丈夫です。今、除染が進んでいて安全に住める状況です」ということを言って話が進んでいて、「この先何十年廃炉作業が終わるまで安全です」っていう証明じゃないですけど、そういうものちゃんとって示してほしいんですけど……だから、この話が出ることがおかしいと思うんですよ。帰還の話が出ること自体まだまだ早い時期なんじゃないかなと思っています。」（いわき市女性）

未だに東電福島第一発電所の事故が収束していない状況、後手後手に回る対策、繰り返される情報隠し、このような状況で国や東電に対する不信感を持たない方がおかしい。

既に避難生活状況調査結果の検討で見たように、今後の生活拠点として福島県に戻って生活すると回答した約4割弱（36.1%）のうち戻る時期は「未定」とした人は7割以上であり、その理由として約45%の人が「放射線量、汚染の状況」をあげている（2015年）。

「区域外」と「区域内」で回答傾向は異なり、区域内で「戻る」と回答した人は40%であるが、区域外では32%とやや少なくなり、また帰還時期未定とする理由で「放射線量、除染の状況」との回答は区域外では6割弱（57%）であるのに対して、区域内では4割弱（37%）で、復興の遅れ（「地元での住居の確保（修理含む）」「他の住民の帰還、ライフライン復旧、各種施設再開」）をあげる人が3割強（33%）に達する。福島への帰還の意思をもっている人の中でも、とくに自主避難者が放射線量による健康被害に対してより不安を強く持っていることが分かる。

それにもかかわらず、住宅支援の終了という事実は、福島への帰還が「既定路線」として自主避難者に対して強制として働くばかりでなく、彼ら彼女らに対する周囲の住民たちの冷めた視線（＝問題は終わった）を浴びざるを得なくなる。

「母子避難で来ているんですけど、最初に避難してきたときは全員に暖かく見守られて送り出されたわけでなく、結局もう私も郡山から逃げたいという気持ちで新潟に来たんですけど、まあそのときでも、その住宅の方の支援があるということで、結局、そういう身とか、援助してもらっているという、そういう背景があったからこそ新潟の方に来れた訳ですけど……で結局、その住宅の支援の方がなくなるっていうことはみんな結局帰っても大丈夫なんだよという、あのそういう風にこう認められたっていう、こう状況が周知されれば、「いつまで新潟にいるんだ」という結局周りの目が……まあずっとそういう目はあったんですけど……結局支援がなくなるということは、みんな安全だから、避難している人はみんな帰ってきなさいというような、まあ、そういう風に捉えられるかたも多いと思うんです。……（中略）……そういう風に主体的に戻ってこいという状況を作られると、何の、何というか、まあ私たちはそれに対して従わざるを得ないということになることが、やっぱり金銭的な面ももちろん苦しいんですけど、まずはそういう帰らなければいけないっていう状況に陥られるということが、もう本当に精神的に辛くて……あの……住宅支援があるからこそ、あのいられるような状況があった訳なんで、ほかのいろいろな支援を頂いていて有り難いんですけど、その住宅の支援というのは一番の要という、住むところがなければどんなに・・・住宅を支援して下さるというのは精神的にも経済的にも、そこが一番の要だと思っているので、そこは、援助はお願いしたいということがあって……。」（郡山女性）

ここでも住宅支援が切れるということが、取りも直さず、福島への「帰還」に対する国からの「お墨付き」となり、それが「自主避難者」の既定路線＝「強制」として働きかねないことが語られる。

「この4年間にとにかくいろいろなことがありすぎて何から何をお話ししていいのか分からないぐらいのことがあって今回住宅支援が切れるかもしれない、私たちにとってほんとに本当にもう首くくるんじゃないかというぐらいの、本当に辛いことであって、実際に住宅支援がある状態のときで際も、私たちはもう4年で子どもたちがぐっと成長してしまって、まあそのとき、私は当時母子避難だったので母子避難でも大丈夫だと思って2LDKに住んでいるんですが、主人がこの4年間の間に何とか決断してくれて、こちらに来る決意をしてくれて、こちらに来まして、私の家庭は母子避難していた時の方が家計が、経済状況は良かったです。新潟に来て新潟で主人が就職をしまして、で今は母子避難のときの生活よりも逆に苦しいです、正直なところ。でも家族が一緒に住むのは私たちは願っていたことなので、まあ今の私たちの決断は決して間違っていなかったと思っていますけど、正直苦しい状態のこの中で住宅支援がなくなるって言われたら、私たちは郡山にも家が、親の家があって、そこに一緒に住んでいたんですけど、じゃあ帰らざるを得ない状況に今なると思うんです。……子どもたちもやっと慣れたこの環境で、またじゃあ変わるのってなったときに、どこまで私たちを苦しめれば気が済むんだろうかという、すごい悲しい状況と悔しい状況と、でそんな中でもずーっとこの先、本当に少なからず被爆は子どもたちも私もしていますので、病気の心配もしなければならないし、心配事がもうとにかく次から次へとどんどん積み重なっていてこれ以上もうどうしたらいいのだろうというのが本当に今の状況です。」（郡山女性）

確かに「自分たちで決断して自分たちで決め」避難した。しかし、この「自主的決断」を促したものは否応ない原発事故による放射線被曝（そして今後の懼れ）であり、自らの生命をそして生活を守るためのギリギリの判断であったはずである。そのために当初母子で避難をした。そして経済的な困難を覚悟しながら、夫は福島での職を辞め、ようやく二重生活を解消出来た。その中での住宅支援の打ち切り通告である。どこまで人の運命を弄ぶ気なのかという、強い憤りが表明されるのは当然である。

「まだ子どもが高校生、ちょうど切れると言うときが高校１年生で、高校２年間あるときに切られると、その２年間どうしたらいいのか、住宅支援があるから避難できているというのがあるので、まあ私は、あと２年すれば子どもも大きく成長するので、あとは帰るか帰らないか、ちょっと考えることがありますけど……住宅支援が打ち切られるとかされると、やっぱりさっき言われたように周りの人が帰れるんでしょう、大丈夫なんでしょうっていうように思われるっていうか……。」（南相馬市原町区）

自らが置かれている厳しい現状を訴えても、周囲からの冷たい視線にたじろんでしまう。それでも、どうにかして前に進もうとする。

福島県で「放射性物質が家族や自分に与える影響への不安」を感じている人が７割（73%）に達するが、他方で国民の間では原発事故の被災者に対する「関心が薄れ、風化しつつある」との印象を７割の人が持っている[16]。事実、朝日新聞の全国世論調査結果によれば、「風化」しているとの回答が７割を超えており（73%）、国民の間での「風化」を裏づけている[17]。

6　それぞれの避難と帰還

ここまで新潟への避難を継続している人びとの視点から、彼女ら・彼らがこれまで何を考え、現時点で現状について具体的にどのような点に不安や苦悩、悲しみ、諦念、そして希望を感じ（あるいは希望を失い）、「帰還」を考え、或いは「帰還」を躊躇して「未定」と答え、または「帰還」を断念して「定住」を続けているのかを考えてきた。

最後に、同じ南相馬市から新潟市への避難をした多くの避難者のうち、その後、相異なる選択をした３組の避難者について考えたい。

Ｂさんは浪江町の出身の70代男性である。中学校を卒業後上京し、東京の近県でいくつかの肉屋で腕を磨いた後に所帯を持ち、ある住宅団地の商店街で店を構えた。経営も順調だったが、近くにスーパーマーケットが出来、徐々に売り上げが落ち始めたときに、たまたま故郷での同窓会に出席した。久しぶりに戻った故郷に自分の住むべき処はここだとの思いが募り、故郷で店を開くことを決めてしまった。家族はこの決断に驚くも、彼の決心に従い、福島に、戻ることにした。ただ、浪江町には既に実家はなく、隣町の南相馬市で自宅と店を建てて肉屋を経営する。長男は肉屋の隣で食堂を経営し、20年間のローンを返済し終わってこれからというときに、3.11福島第一原発事故に遭遇する。当初は、着の身着のまま、近くの小学校の体育館で5日間ほど過ごし、その後南相馬市と姉妹都市である杉並区の保養施設（群馬県）で避難生活を送るが、6月に新潟市に移動する。長男夫婦は調理師資格を持っていたので東京近県で仕事を見つけ、家族で転居した。

Bさんは故郷に戻りたいと話す。家も墓も福島だし、新潟にいても毎日何もすることもなく、気が滅入ってくる。ストレスがたまり、突然動けなくなり、体に震えが来て、話すことも普段のようにスムーズにいかなくなって、入院をせざるを得なくなった。

> 「環境が変わって、精神的な病気っていうかそういうのが起きてるんだから、ある程度は、若い人は環境にある程度順応するかもしれないけど、我々の年代になってくるとうまく順応しないから。」（2012年2月20日）

避難者の交流会でたまたま同じ出身地の人と会えると心が安まる。故郷への思いは断ちがたく、すでに群馬へ避難していたときに申し込みをしていた仮設住宅に入居が決まり、1年かかって、ようやく南相馬に戻ることができることになった。自宅は警戒区域内で戻ることはできないが（現在は避難指示解除準備区域）、少しでも自宅に近いところに戻りたいという。

> 「自分らばっかり、まあ他の人はどうか知らないにしても、自分らは今よりよくなるっていう期待を持って帰るわけじゃなく、ただ自分も新聞に書いたようだけど、同じ生が止まるんだったらやっぱり我が故郷で止めたいっ

ていうそういうような気持ち、あるいはこれから先何十年も生きられるわけじゃないし、その間にみなさんとあれしていければいいかなっていうあれでもって帰るんで、これから行ってすぐ商売できるわけでもないし、これから先の生活なんてのも色々考えはするけど、きりがないから、もう考えても。最後なんてもう、なるようにしかならないからっていう考えでいるよりあんまり考えるとまた病気起きるといけないから。医者にも言われてるから。あんまりそんなこと考えないで、のんびりしてろと。」(同年4月20日)

ただし、長男ご夫婦は福島に戻る意思はないようだ。それは仕方がないと思っている。

「平成26年度南相馬市市外避難者意向調査」によれば、同居家族に小中学生の子どもがいる場合に、今後どこの小学校、中学校に通わせたいかについてたずねたところ、震災時の居住地域に再開される学校を希望すると回答したものは2割程度で、「避難先（南相馬市外）の小学校・中学校」が62.7%と過半数を占めた。

Bさん夫婦は、希望と不安と無念と諦念等の複雑な思いのなかで、2012年5月に南相馬市の仮設住宅に向かった。

Cさん夫婦はともに60代、南相馬市生まれ、大学で東京に行くも卒業後は地元の企業で働いてきた。福島第一原発事故後、二人の娘家族と新潟へ避難、当初はホテル住まいであったが、他の客から子どもの「騒音」で苦情を受け、困り果てたが、新潟市郊外で二世帯が住める住宅が見つかり、ようやく落ち着いて生活ができるようになる。ただし、娘家族は夫を福島に残しての母子避難である。そして、Cさん夫婦とも何もすることがない。

「もったいない時間。こうやって1年でしょ。うちの家内が言うようにもったいない。何となく生きてるような感じ（夫)。」(2012年2月20日)

「もう何もいらないから元の生活に戻してほしい。何にしろ私は花が好きだったんだけど、花も一切だめだし。お父さんは家庭菜園と植木が好きだっ

たけどそれもだめだし（妻）。」（同）

Cさん夫婦は、自宅の除染の進行状況を見て、早く「帰還」したいと考えていた。当初は4月（2012年）に「帰還」を予定していたが作業の遅れで見通しが立たないという。

「いや、最初はそうだったけど、除染の向こうの自治体で今始まってるのが、私が住んでるところが10月始まり。早くなるかどうか分かんないけど一応予定としてはね。それの数字を見ながら判断しようかな、最終的に判断しようかな、と思っているんだけど。それがここにもっといるか、別のところになるか、地元に帰るか。まだ今のところ結論つけれないな。まあ借り上げ住宅が1年伸びたからそれは助かるわ（同）」。

結局、年を越してしまったが、2013年には自宅に戻ることができた。2014年Bさんからの年賀状にも「お陰様で我が家で穏やかに新年を迎えました」とあり、再出発を心より応援したいと思っていた。それが2015年には「時が経過するほどに複雑なものがありますが、健康留意を第一頑張って参ります」と何らかの事情が生じたことを伺わせるものになる。実際に同年の夏に近県への転居を決断することになった。

「全てを処分し、住み慣れた所を離れるには言い尽くせない寂しいものがありました。
新天地も早く慣れたいものです。真の復興とは……。難題ですが、自分の努力も必要、前進しかないと葛藤しております。」（2016年年賀状より）

前を向き、「生きる力」を取り戻すこと困難さを精一杯乗り越えようとする心からの叫びをそこに聞くことができる（関2015：139）。

そして、既に紹介したAさんである。自宅は緊急時避難準備区域に指定され、家族で強制避難したが、2011年9月に指定解除になり、自主避難となる。その後、夫の仕事の関係で福島に隣接する関東地方の県に移るも、妊娠を期に福島に仕事で戻る夫とは別に新潟へ母子避難を行い、当事者グループを立ち上げてすでに4年が過ぎた。今後の国そして福島県の「復興加速化」にどのように対応していけるのか、支援者も含めたNPOを設立し、自立の可能性を探っている。

それぞれの置かれている社会的文脈によって、今後の生活の方向は異なるし、どの選択肢を選ぶのか、その決断は揺れ動く。どの選択が適切であるか、その正解はない。しかし、一人一人が少なくとも前を向けるような生活を取り戻せるかどうか、その点を注視し、その実現可能性を高めていく努力が私たちには求められている。

注

1 「朝日新聞」2011年5月15日熊本全県・1地方面
2 「朝日新聞」2011年5月5日
3 見田宗介1996『現代社会の理論』pp.54-61岩波書店。
4 熊本42,961人、鹿児島20,082人、新潟2,108人
5 「毎日新聞」2012年8月30日
6 以上は拙稿「福島第一原発事故をどのように読み解いていくのか」『汽水域』第3号、2012年、134-136頁、の一部数値、表現を加筆修正したもの
7 「朝日新聞」2015年5月17日
8 同新聞6月15日
9 「朝日新聞」2015年2月17日：朝日新聞社が2月14，15日に実施した全国世論調査（電話）による。
10 開沼博は現在の福島の現状を「福島の日常を直視せよ」として次のように言う。
「福島県から県外に避難したのは約5万6千人。震災前の福島県の人口は約200万人ですから、3%に満たない。逃げられることは特別なことなんです。一度県外に逃げた人が戻ってきて、原発や関連産業で働いているケースも多い。原発復旧作業の新たな雇用によってにぎわう繁華街もある。3・11後の経済や社会ができつつある中、既に『事故を起こした原発がある日常』が始まっている。」とする（開沼博「（耕論　震災から半年　フクシマの希望）理想を語るだけでは解決せず」「朝日新聞」2011年9月13日13面）
11 ここで「自主避難」としているのは「自主避難というのは『自主』という言葉が想起させるほど、個人の自由意志で選択されたものではなく、避難を余儀なくされたというほうが実質に近いことを確認しておきたい」（高橋2014 : 36）に依拠している。
12 ここでは「警戒等区域」を「市町村の全域又は一部が福島第一原子力発電所事故に伴う警戒区域、計画的避難区域、緊急時避難準備区域に設定されている（又は設定されたことのある）市町村」としている（http://www.pref.niigata.lg.jp/HTML_

Article/84/656/kekka,0.pdf、最終閲覧日：2016 年 2 月 9 日)。

13　A さんに対するインタビューは、2015 年 1 月 27 日、及び 7 月 21 日に行った。

14　なお新潟市及び柏崎市における避難者支援については（松井 2013）に詳しい。

15　以下の発言は、懇談会での参加者の発言を許可をとって IC レコーダーに録音して起こしたものである。なお、この会には代表の A さんも出席しているが、ここで取り上げた発言の中には含まれていない。

16　「朝日新聞」2015 年 3 月 4 日、朝日新聞社・福島放送「福島県民世論調査」による。

17　注 9 と同様。

文献

稲垣文彦 2012「新潟県における広域避難の現状と今後の課題」(http://synodos.jp/fukkou/2422/2)。

関礼子編 2015『"生きる" 時間のパラダイム』日本評論社。

髙橋若菜・渡邉麻衣・田口卓臣 2012「新潟県における福島からの原発事故避難者の現状の分析と問題提起」『多文化公共圏センター年報』4, pp.54-69。

髙橋若菜 2014「福島県における原発避難者の実情と受入れ自治体による支援――新潟県における広域避難者アンケートを題材にして――」『宇都宮大学国際学部研究論集』第 38 号, pp.35-51。

松井克浩 2013「新潟県における広域避難者の現状と支援」『社会学年報』No.42, pp.61-71。

山下祐介・市村高志・佐藤彰彦 2013『 人間なき復興 : 原発避難と国民の「不理解」をめぐって』明石書店。

第7章　故郷喪失から故郷剥奪の被害論へ

関 礼子

1 「故郷喪失」とは何か

2012年12月3日、福島地方裁判所いわき支部に「福島原発避難者損害賠償請求事件」(以下、避難者訴訟) が提訴された。福島第一原発事故当時、避難区域となった双葉町、楢葉町、広野町、南相馬市から避難を余儀なくされた原告39名による避難者訴訟は、避難や避難生活のための実費、休業・失業による逸失利益、土地・家屋の財物賠償のほか、故郷から引き剥がされることによって被った全人格的被害に対し、東京電力を被告として損害賠償を求めた。2013年7月17日の原告178名による第二次訴訟提訴後も川俣町山木屋地区などに居住する住民らの追加提訴があり、第一次訴訟と第二次訴訟が併合審理されて裁判が進められてきた。

避難者訴訟は、訴状によると、(1) 加害構造と加害責任の明確化および謝罪、(2) 失った生活を取り戻し、人間の尊厳を回復し、新たな人生を確立するにふさわしい損害賠償、(3) 加害者が定立した賠償基準ではなく被害者の権利救済にふさわしい損害賠償基準の確立という3点を目的とした、「正義を取り戻すための訴訟」である。

ここでは、避難者訴訟のキーワードのひとつである「コミュニティ(故郷)」もしくは「故郷(ふるさと)」の喪失に着目しながら、避難者訴訟における故郷喪失について考える。そのうえで、故郷をめぐる社会学的知見を手掛かりに、原発事故による避難指示で、「故郷を奪われた」、「故郷を失った」と口々に語り、あるいは「故郷を取り戻したい」と語ってきた避難者の「故郷喪失」とは何か、その意味を掘り下げてみたい。

2　避難者訴訟における故郷喪失

2.1　原発事故被害の特徴

避難者訴訟は、福島原発事故被害の特徴として、以下の3点を挙げる[1]。

第一は被害の広範性である。避難区域が福島県内12市町村に及ぶだけでなく、避難区域に指定されなかった福島県内からの県外避難者を含め、原発事故による広域的汚染は膨大な避難者を生み出した。その結果、個々の避難者の生活再建の努力にもかかわらず、従前の居住地での「暮らしの再建やコミュニティの回復が著しく困難」になっている。

第二は被害の継続性である。環境中に放出された放射性物質は移動しながら、将来にわたり残存する。避難の長期化によって従前の居住地での暮らしの再建とコミュニティ回復が困難になるだけでなく、外部被曝・内部被曝を避けるための日常生活の制約がもたらす被害は継続している。

第三は被害の深刻性･全面性である。原発事故は「人生を全面的に侵害」し、「人々の生活の基盤であると共に､人間を育んでいく母体そのものである（略）『地域社会』全部を根こそぎ剥奪」した。

法的にみれば、原発事故は、人格発達権を侵害し、放射能汚染によって平穏生活権を侵害している。人格発達権の侵害とは､幼少期から青年期､壮年期､老年期に至る各ライフステージにおいて、自らを取り巻く関係性のなかで役割を取得し、生涯にわたって成長し続けただろう人びとの成長や発展可能性の剥奪であり､平穏生活権侵害は､放射能汚染によってもたらされる精神的苦痛など､平穏な生活を営むことができなくなる人格権侵害のひとつとされる。

そのうえで避難者訴訟は、人格発達権や平穏生活権が保たれることでもたらされる価値が､「市場における交換を前提にしていないために、時価を想定してそれを金銭的に填補することによって解決されるものではなく、このような権利を充足していた社会的諸条件の効用の回復にこそ、損害賠償の目的は据えられるべきである」と論じ、不法行為による差額説的解釈を退け、原状回復理念に基づく損害賠償の樹立を求めている。

2.2 避難生活と故郷喪失

避難者訴訟は、精神的損害として、避難生活にともなう損害とは別に「コミュニティ（故郷）喪失」に基づく損害があるとする。避難生活に伴う精神的賠償のなかに「コミュニティ（故郷）喪失」の損害が含まれているか否かは、争点のひとつである。

原告側は、避難生活に伴う慰謝料と「コミュニティ（故郷）喪失」に基づく慰謝料は異なり、「コミュニティ（故郷）喪失」がもたらす回復不能な損害は、実生活の基礎となる居住空間を喪失した損害、人格発展の場としての職業生活を喪失した損害、地域固有の日々の市民生活を喪失した損害が賠償の対象であると主張する[2]。

また、「故郷（ふるさと）喪失による精神的損害における被侵害利益を『地域生活利益』として捉えることが出来る」と主張する[3]。地域コミュニティが持つ主な機能には、①生活費代替機能、②相互扶助・共助・福祉機能、③行政代替・補完機能、④人格発展機能、⑤環境保全・維持機能がある。原発事故は、これら多様な無形の精神的利益、財産的・経済的、社会的、文化的利益を侵害した。これが「地域生活利益（地域生活享受権）の侵害」であり、「その侵害が重大で、かつ長期にわたることを考慮すると、その損害は甚大なものと言わなければならない」のであって、それは「故郷（ふるさと）喪失慰謝料」として把握されなくてはならないと主張するのである。

2.3 避難に伴う慰謝料に関する判例

これまで、わが国において、不法行為により「コミュニティ（故郷）喪失」や「故郷（ふるさと）喪失」が問題になるほど広域的かつ長期間の避難が強いられた事件はない。短期的な避難を伴う環境汚染事件として、たとえば、廃棄物処分場からの火災による避難に関する2007（平成19）年3月14日那覇地裁判決は、自動車事故に関する自賠責保険の基準（1日4200円）を参照し、明らかな身体傷害がない本件では最大1日2000円とする被告側の訴えに対し、火災による一時避難と火災発生時の煙害などによる精神的・肉体的苦痛に対する慰謝料として、避難した人にも避難しなかった人にも 10 万円を認めるのが相当とした。また、避難後の体調不良による経済的被害と精神的損害で一律 20 万円を認めた。

では、長期的な避難についてはどうか。原発事故による損害賠償の指針を定める原子力損害賠償紛争審査会は、長期的な避難について、擁壁の崩落や地滑り事故における避難に関する慰謝料を参照しているが [4]、そうした事例は物理的な居住の危険性に伴う長期避難であって、原発事故による避難とは性格が異なる。

原告側の訴えの特徴は、原発事故被害の広範性、継続性、深刻性・全面性という特徴に照らし、従来の局所的避難では論点にならなかった「コミュニティ（故郷）喪失」もしくは「故郷（ふるさと）喪失」が損害論の射程に入らざるを得なくなる、ということにある。避難者訴訟は、従来の避難生活に伴う苦痛とは異なる次元で生じてきた「コミュニティ（故郷）喪失」「故郷（ふるさと）喪失」という前例のない事態に、法はいかに対処し、社会正義を実現しうるのかという点を問うているのである。

2.4　違法性および過失認定の不要論

対して、被告である東京電力側の主張はシンプルである。被告は原子力損害の賠償に関する法律（原賠法）に基づき、相当因果関係がある損害について、違法性及び過失の認定を要せずに損害賠償義務を負うと主張する。すなわち、「不法行為制度において、原賠法は、民法の特別法と位置付けられ、民法上の不法行為の責任発生要件に関する規定は適用を排除され、原賠法のみが適用されるべきである」[5]。

原賠法は原子力事業者の賠償責任について、無過失責任かつ無限責任と事業者への責任集中を定め、原子力損害賠償紛争審査会（審査会）が原子力損害の範囲等の判定指針を策定し、審査会の下に設置された原子力損害賠償紛争解決センターが和解の仲裁にあたることとしている（原発 ADR）。東京電力は審査会の「合理的な」指針（中間指針および中間指針追補〜第四次追補）に基づく損害賠償を実施しており、指針にない精神的損害の賠償は認められないという論理をとる。すなわち、(1) 原賠法に基づく損害賠償を行うのであるから、違法性や過失の認定を要しない、(2) したがって、認否反論をする必要がない[6]。

上記のように、被告側は損害賠償の合理性を原賠法及び審査会の指針に求める。だが、審査会による指針はあくまで中間指針である。また、指針に準拠した原発 ADR は当事者間の対話により自主的な解決を促すための仕組みであり、ADR に申し立てしている間は時効が中断される。とすれば、指針として未だ示されていないが、被害の根幹にかかわる賠償範囲を司法に求めることもまた合理的である。そうでなければ、被害者の保護及び原子力事業者の健全な発達を図ることを目的とした原賠法は、被害者の異議申し立てに耳を貸さず、被害者の頭ごしに決めた賠償ルールを押しつけることになる。そこに浮かび上がってくるのは、被害者の保護に資すことなく、原子力事業者の自主的な問題解決能力をも阻害し、不健全な状況で原子力事業者を保護する精神なき法の運用であろう。

避難に伴う慰謝料に対し、東京電力は、「準備書面 (6)」において、中間指針の定める慰謝料額（第 1 期、1 人月額 10 万円または 12 万円）の合理性・相当性を示し、指針の示す第 2 期慰謝料額 1 人月額 5 万円を超えて 10 万円の賠償を賠償終期まで支払うことを基本的な考えとする妥当性を示している。また、避難の長期化にともなう賠償については、避難指示解除が見込まれる期間に応じて、帰還困難区域、居住制限区域、避難指示解除準備区域ごとに将来分をまとめて受領しうるとし、一括賠償のなかに故郷喪失分が含まれるか否かについては、審議会の議論をひいて、避難の長期化による精神的賠償に故郷喪失の賠償が含まれるという見解をとった。ちなみに中間指針第四次追補（2016 年 1 月 28 日改定）は、帰還困難区域（大熊・双葉は全域）について、「長年住み慣れた住居及び地域が見通しのつかない長期間にわたって帰還不能となり、そこでの生活の断念を余儀なくされた精神的苦痛等」に対する一括賠償をすることとした。

3　故郷の存在／不在

3.1　避難指示解除後に故郷は存在するか

避難者訴訟では、「コミュニティ（故郷）」と「故郷（ふるさと）」の喪失が問題とされている。ここで、コミュニティと故郷は同義に扱われているが、厳密にいえば、コミュニティと故郷はイコールではない。『新社会学辞典』によると（森岡・塩原・本間編 1993）、コミュニティには、代々にわたって形成されてきたムラ社会や生まれ故郷のなかに「生みこまれる」側面と、移動する人がそこに定着して住むなかで、新たに「形成される」側面がある。また、コミュニティはその空間において弱体化・解体・再生・形成されるという流動性があるのであって、「コミュニティ」が喪失することはない。

「喪失」という点に重きをおけば、「コミュニティ」ではなく、近代における「故郷喪失（家郷喪失、homeless mind）」の議論こそが避難者訴訟では問題にされねばならないだろう。「故郷喪失」は、コミュニティや地域社会、自然環境といった、実態としての故郷が失われるという以上に、誰が故郷を失ったのかという主体の問題に関わっている（関 2016：109-111）。故郷とは出郷者や近代人の精神状況を捉える議論だからである。

しかるに、避難指示解除をすすめて住民の帰還を促進しようという施策を背景に、「コミュニティ」と「故郷」を混同することで、避難者訴訟は「故郷変容・変質」という論点を持ち込むことになった。

避難者訴訟は、①避難指示がなされている段階だけでなく、避難指示解除後に帰還しないと選択した人にとっても故郷は喪失されている、②避難指示解除後に帰還した人にとっても、「故郷の変質・変容による精神的損害」が発生していると論じた[7]。したがって、避難しているという状態への月額10万円の精神的賠償とは別に、避難指示が解除されても、帰らない人には故郷喪失の慰謝料が、帰った人には故郷変質・変容慰謝料が支払われるべきであるとした[8]。

生活に必須の病院や商店などの社会インフラが不十分である、除染されていない山林などで放射線量が高いなど避難指示解除は時期尚早とする声にもかかわらず、政府は避難指示解除に踏み切っていく。その非合理性への批判が、解除後にも帰還しなかった人には「故郷喪失」の被害が、帰還した人には「故郷変質・変容」の被害があるという主張になったといえよう。

避難解除後の「故郷」は、それぞれの帰還をめぐる判断によって、喪失したり、変容したりするものなのだろうか。避難者訴訟は、避難をめぐって「状況の再定義」をしつつも、原賠審に依拠した加害者側の「状況の定義」に引きずられすぎているのではないか。

3.2 「故郷喪失(家郷喪失)」論

ここで、「故郷喪失(homeless mind)」の議論から「故郷」の意味を捉えなおしておこう。故郷喪失は、都市化の進展に伴い、1970年代に積極的に議論されたもので、二重の意味がある。第一は精神的な拠り所としての「故郷喪失」であり、第二は物理的な場としての「故郷喪失」である。

第一の「故郷喪失」は、急速な社会変動によって、心の依る辺となる風景や伝統・文化も、自らの居場所も社会関係も見出せなくなるような場合である。都市社会学者の高橋勇悦は、明治以降の都市住民と故郷とのつながりを、「帰れる故郷」「帰れない故郷」そして「失われた故郷」に分類した(高橋 1974:19-44)。「帰れる故郷」とは、「生活の本拠地であるということと同時に、出郷者の心の大きな拠りどころ」として、身も心もつながっている故郷である(同上:23)。「帰れない故郷」とは、生まれ育った故郷がかつての故郷ではなくとも、なおも精神的拠り所であり続ける故郷である。だが、「失われた故郷」にあっては、身も心も故郷とのつながりを持っていない。高橋は、精神的な拠点としての故郷を失った都市住民が、生活権を基盤に新しい「ふるさと」を建設する故郷創造の過程として住民運動をみた(高橋 1974)。

「帰れる故郷」であれ、「帰れない故郷」であれ、故郷はさまざまな社会的諸関係を結ぶ磁場であり、アイデンティティの源泉である。盆正月の帰省で親戚と語らい、同級生と旧交を温める。同窓会や郷友会でつながる。出身地が同じだというだけで、人との距離が一気に縮まるように、「場所」を介して維持される関係性がある。人びとの不断の営為によって維持される「場所」があり、「場所」には生活に根差した「歴史」がある。そうした「場所」や「歴史」を持たない「故郷喪失者」たちは、生活権を「場所」に埋め込む営為によって「新しい『ふるさと』」を、建設ないし創生しようとした。都市部におけるコミュニティづくりやコミュニティ活動が目指したのは、こうした「新しい『ふるさと』」づくりであった。

第二の物理的な「故郷喪失」は、人びとがいなくなった「場所」や、「歴史」の連続性が断絶された「場所」の存在を指示する。煙害や鉱毒問題で廃村になった松木村や谷中村、ダム開発で水没した集落や過疎化の進展による廃村、再開発による地域再編、災害で罹災した地域の集団移転などの例をあげることができる。物理的な「故郷喪失」とは、故郷そのものとして故郷を維持してきた人々を土地から切り離していく「故郷剥奪」の過程である。それは、出郷者たちの「帰れる故郷」「帰れない故郷」をも同時に剥奪する。こうして生まれた膨大な「故郷喪失者」たちは、精神的な拠り所としての「新しい『ふるさと』」を求めることになる。「根付くことに対する欲求は、秩序や自由、義務、平等、そして安全に対する欲求と少なくとも同等の価値をもつ。そしてある場所に根付くことは、おそらく他の精神的欲求のために必要な前提条件である」からである（Relph 1976=1999：102）。

3.3　原発事故避難指示区域の「故郷喪失」

避難者にとっての「故郷喪失」とは、唐突かつ物理的な「故郷喪失」の経験である。避難指示区域に指定されて棲み処である「家」を追われ、「地元」を追われた避難者は、出郷者が呼んだようにそこを「故郷」と呼び、「故郷を奪われた」「故郷を失った」と語った。「故郷」が語られるようになるのは、自分の家や地域に簡単には戻れないと悟った時である。自分たちの町の放射線量があまりに高いと知った時、逆に放射線量が比較的低く「すぐにでも戻れる」という希望が、一時帰宅で荒れ果てた家や田畑を見て打ち砕かれた時である。その時、「地元」という「場所」は他者化されて「望郷」の対象になった。

それだけではない。原発事故は、都市部への進学後に地元での就職を希望していた人、いずれ地元にある会社に戻ろうと同じ系列の企業に就職した人など、出郷後のUターンを考えていた人から、「帰れる故郷」という精神的な拠り所を奪い、たとえ「帰れない故郷」であったとしても、離れてなおその地を故郷とする望郷の地を奪い、出郷者にとって故郷そのものであった人々を望郷の人に変えた。

故郷は、もはや従前の棲み処としては想起され得ない。一次産業はもとより、山菜取りやキノコ採り、魚釣りや狩猟から家庭菜園まで、かかわるべき自然は放射能によって汚染され、「土地への信頼」が覆されてしまった。ともに暮らしてきた家族、行き来してきた親族や友人がそこに戻るかどうかわからず、確かにあったはずの社会関係資本も揺らいでいる。骨をうずめて先祖代々に連なり、子子孫孫を慮る土になるはずであった人々も、若い世代が帰還できない状況では帰還を躊躇せざるを得ない。従来の地域の人間関係や社会関係を回復することはもはや困難になっている。

実際、2011年9月に避難指示が解除され、2012年3月にいち早く「帰町宣言」をして役場機能を戻した広野町でも、町民の帰還は思うように進まなかった。制度的に「帰れる故郷」になることと、実際に「帰れる故郷」になることは異なるのである。わずか1年の空白でも、そこには必ずしも「帰れる故郷」ではなくなってしまう。まして、避難指示解除まで長くかかった市町村となると、故郷を故郷ならしめる人も自然も不在のなかで、故郷は過去の幻影のように感じられるのである。

避難者訴訟は、避難指示解除後の故郷喪失の一形態として「故郷変質・変容」の慰謝料があるとする。だが、避難指示で空白になった地域では、かつての故郷はすでに失われている。避難指示が解除され、帰還したとしても、そこに故郷はない。帰還した避難者はゼロから「故郷を再生する」のであり、それが意味するのは、故郷不在の地に「新しい『ふるさと』」をつくる試みに他ならない。

4　故郷は「時間の記憶」である

4.1　故郷の「曖昧な喪失」

ところで、避難者訴訟は避難指示区域の「故郷喪失」を問題にしたにもかかわらず、なぜ、その一形態として「故郷変質・変容」を持ちださねばならなかったのか。帰還してもしなくても「故郷喪失」を論じることができたのではないか。ここには、故郷の両義性が関与する。避難指示区域には土地やその定着物である不動産があり、そこに住民票がおかれ、全町避難していても自治体は機能し、住民登録もある。その意味で故郷は存在している。だが、生活をどう組み立てるのか途方にくれる場所に故郷は存在しえない。

存在するが存在しないというアンビバレンスは、「曖昧な喪失」論の議論に似ている。家族ストレス研究のボスは、心理的に存在するが身体的に切り離された不確かな喪失を「曖昧な喪失」と呼び、そこにあるけれどもないアンビバレントな状況から生じるストレスに対処するうえで、自己非難や他者非難にも増して、不幸を自身の不運に帰すことの有効性を論じている（Boss 1999=2005：153-158）。

存在するけれども帰れない故郷、帰れるけれども生活できない故郷、故郷であるが故郷ではない故郷の経験は、「原発事故がなければ」という「非難なき嘆き」によって語られてきた。一緒に住み続けた若い世代の家族の不在や、山菜やキノコ採り、釣りに興じ、畑の野菜から季節を感じる喜びや生きがいの消失、隣近所とお茶のみをし、遠方からの親戚や友人を歓迎する楽しみの欠落は、「曖昧な喪失」に似て、明確に失ったというピリオドを打てない。「喪失が曖昧であり、『最終的』か『一時的』かが不明確であるために、人々は、困惑し、身動きできなくなり、どのようにその状態を理解すべきかわからないとともに、問題解決に向かうことができない」（南山 2003：9-10、2005：176）からである。

4.2 「時間の記憶」としての“home”

「故郷喪失（homeless mind）」は、場合によっては、死に至る病（homesick, nostalgia）を引き起こす（Relph 1976=1999：110）。また、「曖昧な喪失」論は、曖昧さが人々に持続的で深刻なストレスをもたらすことを指摘している（南山 2005：177）。この二つが重なった原発事故においては、事実、岩手・宮城両県と比較して福島県で震災関連死（原発事故関連死）や原発事故関連自殺が目立って多い。「故郷喪失」が避難者の人格権や生存権を侵した証左である。

福島原発事故の重大性を受け止めた判決に、大飯原発 3, 4 号機運転の差し止めを認める「歴史的判決」がある（2014 年 5 月 21 日福井地裁判決）[9]。判決は、「豊かな国土とそこに国民が根を下ろして生活していることが国富であり、これを取り戻すことができなくなることが国富の喪失」とし、大飯原発再稼働が 250 キロメートル圏内に居住する者の人格権を侵害する具体的な危険があると述べた。さらに、人格権を脅かす要因たる原発事故は、「ひとたび深刻事故が起こった場合の環境汚染はすさまじいものであって、福島原発事故は我が国始まって以来最大の公害、環境汚染である」と判示し、避難者訴訟も主張する被害の広域性と深刻性を認めた。

しかしながら、政府の帰還政策は、「避難指示を解除して故郷に戻れるようにする」というものであった。避難指示が解除されれば「国土とそこに国民が根を下ろして生活すること」も取り戻すことが可能になる。そうすると、避難解除しうる地域に「故郷喪失」はないということになる。

この故郷の「曖昧な喪失」について、“home” としての＜家一故郷＞の連関から捉えなおすと、そこに「時間の喪失」が見えてくる。

とくに立ち入りが厳しく規制された福島第一原発 20 キロ圏の旧警戒区域では、避難者は一時帰宅を繰り返すたびに、荒れていく家に失望し、「帰りたいけれども帰れない故郷」を実感していた。ある避難者は、「3 回目の一時帰宅の時に、家が私たちを拒否していると思った」と語った（2012 年 10 月 27 日ヒアリング、男性）。

「家は時間のかたちである」という多木浩二（2001：199）は、「どんなに古く醜い家でも、人が住むかぎりは不思議な鼓動を失わないものである。変化しながら安定している。しかし、決して静止することのないあの自動修復回路のようなシステムである。摩滅したか風化してぼろぼろになった敷居や柱も、傷だらけの壁や天井のしみも、動いているそのシステムのなかでは時間のかたちに見えてくる。（中略）家はただの構築物ではなく、生きられる空間であり、生きられる時間である」（同上：3）と語る。

家は不動産という「物」以上の重要な意味を持つ。それが、「物」としての価値を減価償却させていくはずの「時間」である。時間についての記憶は、家族や友人、近隣や親戚、職場といった共時的な関係性だけでなく、先祖にまで遡って通時的な関係性のなかで人々の存在を保証し、証明する、集合的な記憶である。

“home”としての故郷も、そこに立ち現れる。故郷の土地は、農地ならば土を作り耕し続けることで、山河であれば利用し続けることで、生きられる空間であるとともに生きられた時間であった。故郷の「曖昧な喪失」とは、空間的には存在するが、「時間の記憶」を共有する人びとの不在と分散によって、何より放射能汚染によって、空間に時間的な同一性が失われたということである[10]。

4.3　生活の二重構造と故郷喪失

幼少期の体験や記憶、自らが存在した風景、その地で暮らしている見知った顔、文化や「文化のただなかに」立ち現われる自然（松井 1997：1）など、故郷はさまざまな関係性として象徴化される。回覧板を回す順序や共同での江ざらいや草刈り、暦ごとの行事は、身体に染み込んだ当たり前の日常に刻み込まれたリズムであったろう。地域の関係性に基づく日常の推進力が地域を地域たらしめてきたことに関して、ある避難者は、次のように語ってくれた（2015年3月1日ヒアリング、男性）。

「もともと若い人は少なかったけれど、数少ない若い人が戻ってこない。

八幡様のお祭りとか、堤の草刈りも年に2回、部落総出である、堀の掃除は3部落で一斉にやる。今まで培ってきた生業が一気に崩壊してしまった。半分くらいは帰るんじゃないかといっても40戸。それでどうやるんだ。60代くらいまでしか力仕事はできない。消防団もいなくなる。火事になったら誰が消すんだ。俺たち、年金もらっているようなのが、もう1回消防団に入らなくちゃいけないんじゃないか。

百姓やらないという人もいるし、耕地はどうするか。黒字だった機械利用組合もあるけど、それすら維持できるかどうか。惰性でも義務感でもやってきたことが、(避難から何年もたって) 荒れた田んぼを見ると、いやになっちゃうんだな。」

各々の生活は地域の共同性があって成立していた。農村社会学の文脈から土地所有の二重性について論じた鳥越皓之は、**図7-1-A**のように私的所有された個人有地と共有地が並列にあるのではなく、**図7-1-B**のように、個人有地（オレの土地）には総有（オレ達の土地）という網掛けがされており、「共有地と個人有地は切れているのではなくて、底でつながっている」（鳥越1997：8-9）と論じた。

鳥越を借りるなら、生活を成り立たせている関係性もまた、**図7-2-A**のように個人の生活と共同性の領域が並列するのではなく、**図7-2-B**のように二重構造になっている。個人の生活（オレの生活）は、農地の維持管理や組合

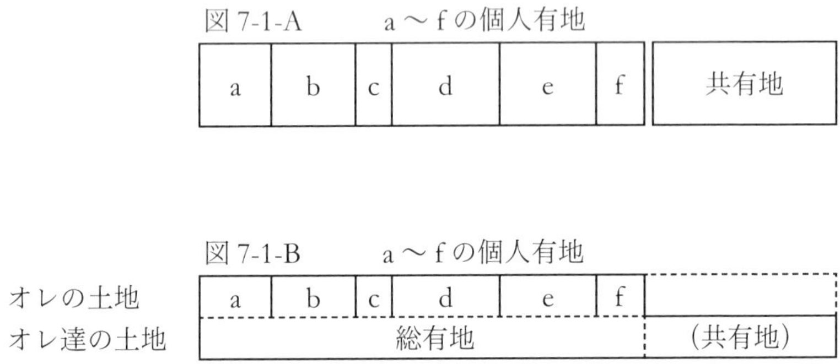

図7-1-A　a～fの個人有地

a　b　c　d　e　f　共有地

図7-1-B　a～fの個人有地

オレの土地　a　b　c　d　e　f

オレ達の土地　総有地　(共有地)

図7-1　土地所有のあり方

(出典) 鳥越皓之1997「コモンズの利用権を享受する者」『環境社会学研究』3：p.9。

組織から防災、環境整備に至るまで、みんなの生活（オレ達の生活）と相互依存・相互扶助の関係にあり、その延長線上に、祭りなどムラの行事を位置づけることができる。

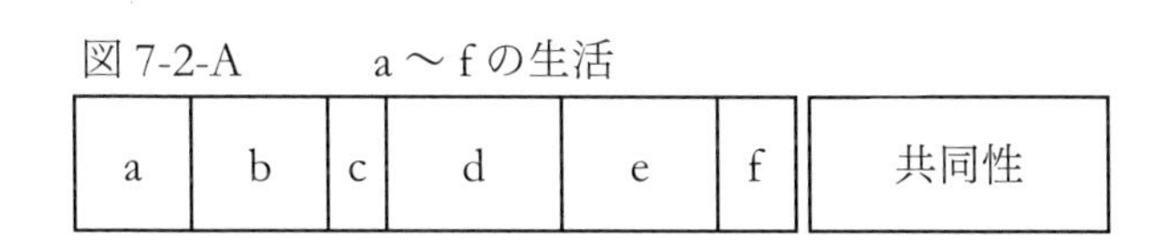

図 7-2-B　a～fの生活

オレの生活	a	b	c	d	e	f	
オレ達の生活	共同性（相互扶助）						共同性

図 7-2　生活のあり方

（出典）鳥越（1997）をもとに筆者作成。

5　故郷剥奪からの被害論

こうして図示すると、個人の生活という櫛の歯が欠けていけばみんなの生活が成り立たなくなることがわかる。これが、曖昧にみえた「故郷喪失」の内実である。たとえ避難指示が解除されて帰還したとしても、そこは原発事故前の「場所」とは断絶している。避難者訴訟が「故郷変質・変容」と呼ぶものも「故郷喪失」である。さらに言うならば、避難者訴訟は、1970年代の「故郷喪失」を連想させるような主観的な心もちのニュアンスではなく、「故郷の剥奪」こそを問題視したと考えることが妥当であろう。ここに、避難を超える故郷喪失慰謝料を論じる必要性が出てくる。

長期にわたる避難生活で立て直した生活や社会関係、仮設住宅のコミュニティであれ、借り上げ住宅のある地域コミュニティであれ、ようやく帰属することのできたコミュニティを離れて、再び従前の居住地に戻るということは、原発事故発生時点に戻って一から生活を組み立てなおさなくてはならないということである。

祭の復興に奔走する楢葉町（避難指示区域）大滝神社の宮司が、「1000年も続いた伝統行事さえ、いっときでも中断すれば再開するのにとてつもないエネルギーがいる。避難指示が解除されても、5年や10年で地域社会が復旧するとは到底思えない」と語ったように（毎日新聞2015年3月2日）、戻りさえすれば原発事故避難の問題が解消され、復興のスタートラインにつくことができるだろうというのは幻想にすぎない。

避難指示解除による帰還は、むしろ新規開拓、新規移住に近いゼロからのスタートである。そこが除染されてなお放射性物質による汚染が続いていることを勘案すれば、マイナスからのスタートである。時計の針を巻き戻して、原発事故後の避難生活のなかで個々の回復力（レジリアンス）が前に進めた人生をリセットすることは、想像以上にエネルギーを必要とする。

目に見えない故郷の剥奪があり、それにより失った損害を捉えるとき、避難生活に伴う被害とは別の故郷逸失の被害が確かに見出されるのである。

注

1　以下は、福島原発避難者損害賠償請求事件訴状訂正申立書（2013年2月20日）、第2次福島原発避難者損害賠償請求事件訴状（2013年7月17日）による。

2　原告側「準備書面（9）――損害総論」（2014年4月2日）。

3　原告側「準備書面（15）の2――本件における被侵害利益と請求（慰謝料等）の内容」（2014年8月8日）。

4　原子力損害賠償審査会（第8回）議事録（文部科学省HP、http://www.mext.go.jp/b_menu/shingi/chousa/kaihatu/016/gijiroku/1310566.htm、最終閲覧日：2016年3月10日）。

5　東京電力「準備書面（6）」（2014年6月4日）。

6　東京電力「準備書面（7）」（2014年8月26日）。なお、原告側の主張する平穏生活権および人格発達権については「一般的な考え方であるとは到底いい難い」と否定し、現地検証についても必要性を認めていない。

7　原告側「準備書面（50）」（2015年3月30日）。

8　原告側「準備書面（90）」（2015年4月10日）。

9　ただし、この判決を出した裁判長は家裁に移動させられ、2015年12月24日には同じ福井地裁で再稼働差止の仮処分決定が取り消された。

10　もっとも、放射能汚染については、「除染して危険のない線量にまで下げているではないか」という反論があがりそうだ。それに対しては、リスク社会論を展開するベックの文章を示しておこう。

「科学性を厳密に言えば言うほど、危険だと判定されて科学の対象となる危険はほんのわずかになってしまう。そして結果的にこの科学は暗に危険増大の許可証を与えることになる。強いて言うならば、科学的分析の『純粋性』にこだわることは、大気、食品、土壌、さらに食物、動物、人間の汚染につながる。つまり、科学性を厳密にすることで、生命の危険は容認され、あるいは助長される。厳密な科学性と危険とは密かな連帯関係にあるのである」（Beck 1998：97）。

「許容値とはつまり大気、水、食品の中にあることを『許容される』有害かつ有毒な残留物の値である。（略）許容値により、その範囲は限定されるものの、有毒物質の生産が許され公に認められる。汚染を制限する者は、結局汚染に対して許可を与えたことになる。これは現在許可されたものは、例えどんなに有害であったとしても社会的に下された定義では『無害』ということを意味する」（同上：101）。

参考文献

関礼子 2016「原発事故避難と故郷の行方」橋本裕之・林勲男編『災害文化の継承と創造』臨川書店。

高橋勇悦 1974『都市化の社会心理──日本人の故郷喪失』川島書店。

多木浩二 2001『生きられた家──経験と象徴』岩波書店。

鳥越皓之 1997「コモンズの利用権を享受する者」『環境社会学研究』3：5-14。

松井健 1997『自然の文化人類学』東京大学出版会。

南山浩二 2003「ポーリン・ボス『曖昧な喪失』研究の検討──その理論の概要」『人文論集』54（1）：1-20。

南山浩二 2005「訳者あとがき」Boss, Pauline, 南山浩二訳『「さよなら」のない別れ 別れのない「さよなら」──あいまいな喪失』学文社。

森岡清美・塩原勉・本間康平編集代表 1993『新社会学辞典』有斐閣。

Beck, Ulrich, 1986, Riskogesellschaft: Auf dem Weg in eine andere Moderne, Suhrkamp Verlag.（=1998 東廉・伊藤美登里訳『危険社会──新しい近代への道』法政大学出版局。）

Boss, Pauline, 1999, Ambiguous Loss: Learning to live with unresolved grief, Harvard University Press.（=2005 南山浩二訳『「さよなら」のない別れ 別れのない「さよなら」──あいまいな喪失』学文社。）

Relph, Edward, 1976, Place and Placelessness, Pion Limited.（=1999 高野岳彦・阿部隆・石山美也子訳『場所の現象学──没場所性を超えて』筑摩書房。）

第 8 章　誰にも反対できない課題
──保守／革新を超えて──

森田 省一

1　運動私史──誰にも反対できない運動をつくる

私は高校を卒業後民間企業を経て、1970 年、20 歳の時に地元の双葉郡富岡郵便局に職を得た。

当時、郵便局内は、全逓信労働組合（以下「全逓」）という総評系労働組合と全郵政労働組合（以下「全郵政」）という同盟系の労働組合が競合しているという状況で、私は当初、局長の勧めで同盟系の全郵政に加入させられた。その後全逓の役員をしている先輩（今も原発反対運動で活躍中）との関わりの中で全逓に加入し、青年部での運動を皮切りに労働運動に関わって人生を送ってきた。

青年部では「命と権利を守る闘い」に没頭した。郵便配達のバイクによる振動病問題では、2 名の公務災害認定に関わり、振動病対策としてバイクグリップへのヒーター装備を実現させた。

中央省庁再編の議論のなかではじめて郵政民営化が盛り込まれた 1997 年、本人の同意なしの人事交流が始まった。東北でも遅れて実施されるようになり、そのトップを切るように、私は富岡郵便局からいわき郵便局に強制配転となった。40 代後半、今までの人生で最も苦々しい時間である。配転後は、分会という末端の組織で運動をしていたが、労働組合への風当たりは強くなる一方で、労働環境は悪化の一途だった。職場の環境改善の必要性に駆られるように、2002 年にいわき支部長（組合員約 360 人）に就任し、「ただ働きをさせない運動」として不払い労働問題に取り組んだ。支部長 2 年目の支部大会選挙では、全逓東北地方本部の異例の支部長選挙への介入があって、1

票差で落選した。

だが、「ただ働きさせない」という、誰にも反対できない運動をしていたからだろうか。いわき市内の小名浜、植田、四倉、いわき集配などの職場を中心に、支部長選挙やり直しを求めて、臨時大会開催の署名運動が起こり、107日後の臨時大会で支部長に復帰することになった[1]。

2006年に郵便局を退職して福島県議選挙に立候補したが、落選。2007年には「日本郵政グループ」が発足し、郵政民営化が実現した。その後、私は県の嘱託職員として森林林業部で働きながら、社民党の双葉郡幹事長として活動し始めた。

幹事長2年目で、県立大野病院がJA双葉厚生病院に統廃合されるという問題が浮上した。双葉郡内の救急患者の受け入れは6割程度で、残りは他の地域に緊急医療を依存していた。福島県で最も救急車の受け入れが困難で、病院の受け入れを待っている間に亡くなる人もいて、緊急医療体制に不安があった。原発が10基集中して立地する地帯であり、福島第一原発3号機へのプルサーマル燃料導入による電源交付金を県が8割持っていくのに、双葉郡の県立病院を統廃合しようという姿勢は、とても納得できるものではなかった。「双葉郡の医療をよくする住民の会」を県立大野病院労働組合（福島県職員労働組合）とともに立ち上げ、事務局長に就任した。そうして双葉郡内住民の命の問題に真っ向から取り組んだ。双葉郡内には4回にわたって新聞折り込みでチラシを配布し、行政区長にも統廃合反対署名の取りまとめを依頼して15,000人分の署名を集めた。また、福島県職員連合労働組合を中心に自らも署名運動に取り組んだ結果、双葉郡民7万1千人のうち、最終的に4万人分の署名を集めて県に提出したが、2011年3月末で県立病院の廃止は決定していた[2]。

私が取り組んできた運動は、時には勝利といえることもあったが、ほとんどは敗北の連続であった。だが、振り返ってみれば、職場でも地域の運動でも、周りにいる人たちは同じ運動を共にしてきた仲間で、自分の考えがわりとすんなり受け入れられる環境で運動をしてきていたのであった。

2　原発事故避難――保守・革新の二項対立を疑う

しかし、その環境は2011年3月11日の東日本大震災とそれに続く福島第一原発の事故による突然の避難生活で一変した。私が住んでいた楢葉町は福島第一原発から20キロ圏の町で、福島第一原発に続き原子力緊急事態宣言が出された福島第二原発の立地町だった。楢葉町が全町避難を決断したのが3月12日早朝。そこから、私たち夫婦と長男夫婦と長女、家族5人での逃避行が始まった。翌13日には栃木県那須塩原市の従兄の家に避難し、同市内に3DKのアパートを借りるまでの11日間、お世話になった[3]。その間、テレビのニュースは、次つぎと起こる原発爆発の映像を流していた。その映像が意味するものは、故郷とそれにつながる人間関係の喪失に他ならなかった。

茫然自失と時間を過ごす避難生活だったが、7月頃になると、全国から社民党と平和フォーラムを通じて原発事故時の実情を話してほしいという講演依頼が殺到した。求められるままに、避難の実態などを中心に、各地を講演して歩いた。

さまざまな市民運動にも自ら関わった。避難から1年を過ぎた頃から、避難先の「那須塩原 放射能から子どもを守る会」の活動を探し出して参加した。「子どもを守る」ことは、誰にも反対ができない問題のはずである。楢葉町も那須塩原市も汚染状況には違いがないのに、那須塩原市にはなんら十分な支援がない。「子ども・被災者支援法」では福島県内33自治体が支援対象地域になっているが[4]、栃木県内8市町は汚染状況重点調査地域なのに準支援対象地域でしかない。不条理であり、差別である。

2014年春に小出裕章氏原子力工学の講演会を企画した。仮住まいの避難生活を終えるべく、茨城県高萩市に再建した自宅に家族を引越しさせたが、私自身は講演会を終えるまで那須塩原市に留まり、家族から2か月遅れで高萩市に引っ越した。「那須塩原 放射能から子どもを守る会」では副代表をつとめ、現在も一緒に活動するなど、かかわりを持ち続けている。

高萩市では、那須塩原市で避難生活を送っていた時と同様に、地元の住民運動団体の「高萩市民を放射能から守る会」の活動にも関った。

そのなかで気づき考えたことがある。今の社会は、非人間的なこと、理不尽なことがまかり通っている。そのことに対し、多くの人たちが疑問を持ち、怒りさえ感じている。だが、その疑問や怒りは深く鬱積しているだけで、一部革新的と言われる人たちの運動も一向に盛り上がってこなかった。しかし変化が見られる。今までは「革新的」と言われる人たちの専売特許のようだった運動のなかで、「革新的」勢力が相対的に衰退し、代わりに保守とか革新の枠を超えた運動が随所で闘われているのである。

保守と革新という対抗軸は果たして有効なのだろうか。今まで漠然と考えてきた問いを、避難という環境のなかで、より明確に認識するようになった。ここでは保守／革新を越えた運動について、私が避難していた那須塩原市の隣の栃木県矢板市や塩谷町、そして今住んでいる茨城県高萩市の住民運動から考えてみたいと思う。

3　指定廃棄物最終処分場反対の住民運動から

3.1　矢板市の反対運動

2011年8月30日、「平成23年3月11日に発生した東北地方太平洋地震に伴う原子力発電所も事故により放出された放射性物質による環境の汚染への対処に関する特別措置法」（以下「放射性物質汚染対処特別措置法」）が制定された。福島県をはじめ、宮城県、千葉県、茨城県、群馬県、栃木県の6県で、1キログラム8千ベクレル以上10万ベクレル以下の除染で出た放射性廃棄物（以下「指定廃棄物」）を、それぞれ県内1か所に保管することが決められたのである。

政府（当時、民主党政権）は、栃木県の指定廃棄物最終処分場候補地として県内13か所の国有地を選定していたが、具体的に候補地が示されたのは、2012年9月3日であった。この日、環境副大臣が矢板市を訪れ、塩田地区が候補地であると伝えたのである。

人口約34,000人の矢板市は[5]、水源の森がある自然豊かな地域であるが、同年 8 月にシャープ栃木工場の規模縮小が発表され景気の先行きが懸念されていた[6]。そこに指定廃棄物最終処分場建設の問題が持ち上がると、住民を主体とした反対運動が一気に立ち上がった。指定廃棄物最終処分場候補地の白紙撤回を求める矢板市民同盟会は[7]、9 月 24 日に約 60 団体 1500 人が参加しての設立会議を開催した。会長には、候補地に名指しされた塩田地区の JA 職員が選出された。JA は、職員にいわば専従として反対運動を担わせた。実行委員長には地元企業の社長が就いた。

反対運動は全市的に行われた。2012 年 12 月 2 日に矢板市長峰公園で開催された決起集会には、人口の約 3 割にあたる、1 万人もの市民が集まった。市内には至る所に、「指定廃棄物最終処分場反対」の旗がひらめいた。会社や商店などの前にも反対の旗が立てられた。隣接する塩谷町なども反対を表明し、茨城県の候補地となった高萩市とも連携して運動が展開された。運動の盛り上がりを受けて、2013 年 2 月 25 日、政府は計画を白紙撤回した。しかし、その時点ではまだ次の指定に矢板市が来ないという保証はなかった。

3.2　塩谷郡塩谷町が候補地に

2012 年 12 月に自民党政権が発足し、栃木県の指定廃棄物最終処分場の再選定が行われた。2014 年 7 月、矢板市での最終処分場建設に反対を表明していた塩谷町が、皮肉なことに、新たな候補地にあげられた。

塩谷町は人口約 12,300 人の町で[8]、過疎化に悩む自治体であるが、高原山を水源とする尚仁沢湧水（全国名水百選）がある自然豊かな土地柄で、日光市の東隣に位置する。昭和のヒット曲を多産した作曲家・船村徹の出身地でもある。

塩谷町は、降ってわいた最終処分場候補地問題に、大騒ぎとなった。住民は、当然のように、「塩谷町民指定廃棄物最終処分場反対同盟会」（以下「塩谷町反対同盟」）を結成した。会長には区長会副会長が就任し、事務局長にはその年の春まで地元塩谷町で商店を営んでいた人が就任した。

塩谷町の見形和久町長も反対運動の先頭に立つことになる。見形和久町長は、町長になる前に「高原山自然を守る会」の代表として活動していた人物で、町の企画調整課の中に最終処分場候補地問題の担当者を置くなど、素早く反応した。2014 年 9 月 19 日には「塩谷町高原山・尚仁沢湧水保全条例」が可決・即日施行され、塩谷町の同意なしには、町の水源保全地域の開発が出来ないことになった。

栃木県は保守的な土地柄である。塩谷町も革新的とは言い難い。町長もそういう土地柄のなかで選ばれている。それにもかかわらず、市民同盟だけでなく、町長が先頭に立って反対運動を展開した。2014 年 11 月、見形和久町長が、署名活動を展開するにあたって処分場候補地である荒川流域市町に宛てた文書は、これまでの反対署名やカンパ協力に感謝を述べるとともに、他県の処分場反対運動を例に引きつつ、「国際原則を遵守し 1 人の人間の命が地球よりも重たいという人間の原則を踏まえて」、「断固たる決意」で処分場に反対することが記されている（**資料 1**）。

塩谷町反対同盟による「指定廃棄物最終処分場候補地としての選定の白紙撤回と、各県 1 か所への処分方法を決めた、国の特措法の見直し」を求める署名活動は、矢板市の最終処分場反対市民同盟の協力が大きいが、周辺自治体の矢板市・さくら市・那須烏山市・市貝町は処分場候補地の荒川下流域にあたることから、塩谷町の運動にこぞって協力した。その結果、2015 年 4 月段階で、塩谷町人口の約 15 倍にあたる 179,712 人の署名が集まった。地元企業や個人によるカンパは 1,000 万円を超えた。町民も参加しての反対運動が展開され、町の至る所に、最終処分場反対の旗がはためいた。山間部の一軒家であっても、家の前には反対の旗や看板が出された。ある食堂の店主は、店先に自作の工夫をこらした看板を並べた。

塩谷町市民同盟は最終処分場の候補地を調査し、必要な広さ 2.8 ヘクタールに満たないと主張した。そのため、環境省が再調査を塩谷町に打診した。町長はいったんは同意したものの、後に塩谷町市民同盟の批判を受けて発言を撤回した。塩谷町市民同盟は環境省に再調査見直しを強く表明した（**資料 2**）。

見形和久町長は、上記提言書の他にも栃木県内の全自治体への協力要請、県議会議員、市町議員などへ協力要請をするなど精力的に反対運動をしてきた。

さらに塩谷町反対同盟も、単独での抗議の行動や要請を繰り返した。町を挙げての反対運動を印象づける町民決起集会は盛り上がり、地元選出の西川公也当時衆議院議員（2006～2009年に農林水産大臣）は参加しなかったことに、会場からはヤジが飛んだという。

3.3　保革を越える

矢板市も塩谷町も、政府に対しては、特措法の見直しをはっきりと要望してきた。

注目すべき点は、いわゆる革新的といわれる人たちがこうした動きを主導しているわけではないということである。

2015年4月の栃木県議会議員選挙の結果も興味深い。塩谷町が入るさくら市・塩谷郡選挙区（定数2名）では、民主新人（最終処分場は福島原発近くに持っていくべきと主張する民主党衆議院議員の秘書）が告示1か月前に立候補表明をして、最終処分場白紙撤回を掲げて自民現職を破った。矢板市選挙区（定数1名）では、自民（県議会議長）を相手に無所属（1期目はみんなの党から出馬）の候補者が再選を果たした（2016年に県議を辞して矢板市長選に立候補、当選）。矢板市ではみんなの党の渡辺よしみ党首（当時）が隣の那須塩原市を地元にしているということもあり、最終処分場建設には反対の立場であった。

放射性物質汚染対処特別措置法に掲げられている各県1か所という最終処分場の選定にあたっては、栃木県以外の各県でも地元自治体と県・国との対立が激しく各地で苦慮してきた。

相対的に一つの力が強くなりすぎると、強大になった力の内部に、その強引なやり方に抵抗する力が起こる。いまは表面化してはいないが、原発再稼働に対しても不安・怒りは多くの国民の中に潜行していて、何かのきっかけで動いていくのではないだろうか。

保守・革新の枠を超えた動きは、最終処分場問題以外でもみられる。たとえば、沖縄県では辺野古へのアメリカ軍基地の移設を巡って、保革相乱れて反対運動が展開されている。そうしたなか、2014年の衆議院選挙では自民党推薦候補者が全員落選し、野党候補者が全員当選という結果になった。同年の沖縄県知事選では、辺野古移設反対で立候補した自民党の前那覇市長が、辺野古移設を容認する現職を破ったのである。

佐賀県知事選では、JAが推す候補者が自公推薦の候補者を破っているし、福島県知事選挙は自民党が自ら決めた候補者を降ろして、野党推薦の候補者に相乗りするという現象が起きている。さらに、大阪都構想を巡る問題では、「大阪市がなくなるかどうかの時に、自民とか共産とか言っていられない。」として、「大阪維新の会」の強引な手法に反対してそれ以外の党が手を組んだ。この動きに自民党本部は「考えられない。」として批判し、自民党内部で中央と地方が割れたのである。

4　住民を参加させない反対運動

私が住宅再建した茨城県高萩市でも、指定廃棄物最終処分場候補地問題が持ち上がり、その計画に高萩市は反対した。しかし、当時の草間吉夫市長は一般住民が反対運動に参加することを嫌い、市長が前面にたって国との交渉にあたったのである。「指定廃棄物最終処分場選定の白紙撤回を求める市民同盟」は市長の支持者で固めて、「放射能から高萩市民を守る会」は市長から反対運動への参加を断られた。最終処分場計画は結局白紙に戻ったのだが、高萩市の言い分は「候補地を決めないでこのままにしておいて」という主張だった。茨城県も指定廃棄物最終処分場については、「このままで、時が過ぎるのを待つ」という戦術をとっている。

なぜ高萩市は住民を反対運動に参加させないのだろうか。一旦火が付いた住民運動は、生半可な権力での抑え込みなどは通用せず、その後の展開も読めない。そのことを一番よく知っているのかもしれない。

茨城県の原発反対運動は決して下火になっているわけではない。しかし、私が見ていると、一部の人たちの中に留まっているように見える。農家の人たちへの訴えかけはどうだったのか。原発関連で働く労働者に対する働きかけはどうだったのか。原発の危険性を問題にする運動が、一部の人たちの問題になっているとすれば、運動の狭さを反省しなければならないのではないだろうか。東海村の村上達也前村長は朝日新聞（2014年12月9日）で、「聞けば『原発は動かさない方がいい』と答えるだろうが、それが票に結びつくには壁がある気がする」と言っている。同感であるが、その壁を作っているのは何だろうか。

5 「人として認められない」という普遍的なこと

矢板市の処分場建設候補地とされた塩田地区の人たちが、自分たちの近くの山に指定廃棄物最終処分場が建設されるかもしれないと日々の闘いに明け暮れていたころ、私は塩田地区の人たちとの交流のなかで次のようなことを話した。

「皆さんは自分たちの近くに放射性物質が捨てられるかもしれず、色々と闘いで大変と思いますが、良いこともあるではないですか」と。

それは、第一に、普段はあまり考えなかったが問題が起こって改めて故郷の自然を考えてみたら、かけがえのない素晴らしいものであったことを再認識できたことである。

第二に、近年は隣近所との付き合いが希薄になっている時代だが、地元の人間関係がバラバラでは反対運動はできない、団結しなくてはならないということを認識できたことである。

普段は見過ごしていたことを学ぶことができた、それが住民運動のなかで得られたことなのではないかと。

アメリカインディアン、ナバホ族のことわざに、「自然は未来の子どもたちからの預かりもの」という言葉がある。「未来の子ども」という言葉は同時に先祖とのつながりを意味している。先祖から受け継がれたものが未来へ引き継がれるのであり、未来へ引き継げるのは先祖から受け継いだからである。「自然は破壊されてもいい」とは誰も言わないし、言えないのである。自然は守られるものではなく人間を守るものである。自然があるから人間は命を繋いでいけるのである。自然のない世界では人間は存続できない。それは普遍的である。だから故郷の自然を守ることには誰も反対が出来ないのである。このことに保守とか革新の区別はない。

6　子どもを守るという普遍性

再び、誰にも反対できない運動について考えてみたい。先に述べたように、「金さえ儲かるなら何をしてもよい」とする勢力は、子どもを守ることに一切の関心を示さない。黙っていては子どもの健康さえ守れない社会になっているのである。

福島第一原発の事故の後、放射能汚染があった地域には“放射能から子どもを守る会”という住民組織が雨後の竹の子のように作られた。私が参加した「那須塩原放射能から子どもを守る会」もそのひとつである。

避難する前に住んでいた双葉郡楢葉町の住民と、「楢葉町一歩会」という組織を立ち上げて、一人の子どもも犠牲にしない運動を模索したこともある。国は年間 20 ミリシーベルト以下の楢葉町に住民を帰そうと躍起になってきた。1 時間 0.6 マイクロシーベルト（年間 5.2 ミリシーベルト）以上の放射能汚染地は、国が定める労働安全衛生法では、18 歳未満の立ち入り禁止地域であり、飲食・就寝が禁止されている。チェルノブイリ原発事故でも、1 時間当たり 0.6 マイクロシーベルト以上の汚染地は、事故から 5 年後には住民の健康被害が広がって、強制移住の処置がされたところである。楢葉町でも 16％くらいの土地がその汚染地に該当している。そうした町に国は子どもを含めて住民を帰還させようとしてきた。「楢葉町一歩会」の運動は子どもを守るためには声をあげて闘うしかないという考えから始めたものだった。

余談ではあるが、放射能から大人を守る会、というのでは盛り上がりに欠ける。大人は自立した存在だから、「自分のことは放っておいてくれ、自分でなんとかする、放射能は気にしていない」という反論もありうる。しかし、「子どもを守らなくてもいい」とは言えないし、「自分で何とかしろ」とも言えない。子どもは守られる存在であり、子どもの守られない社会は存続できないからである。自然同様に、人間の命も過去から現在、そして未来という連続性があり、その中心こそが子どもなのである。自然を守ることと子どもを守ることは、誰にも反対できない運動である。それは、人間が生きていくという普遍性を守ることに他ならないのだ。

7　一致を見い出す

近年は革新的と言われる勢力の力が相対的に弱まり、各地に問題が鬱積しているように見える。そういった問題に取り組む運動も展開されてはいるが、一部の人たちのなかに留まっていて、全体的な運動へと広がっていかない。「政治的な課題は自分たちの専売特許」とばかりに“特別な人”たちの“課題”に縮小・矮小化されている。

矢板市や塩谷町の住民運動は、同じ自治体のなかにあるさまざまな団体が、故郷の山を指定廃棄物最終処分場の候補地にされたことに反対し、「故郷の自然を守る」という一点で反対運動を展開した。この時点で、「原発反対でないから参加できない」とか、「〇〇党と一緒には運動できない」などといっていては、大きな運動へと展開していくことはできなかっただろう。それぞれ最終目的地は違っていても、「途中までの目的地は同じなのだから、そこまでは一緒に行きましょう」という統一戦線だろうか。それぞれの違いを強調して独自の運動をするのではなく、一致するところを見出すという発想の転換が求められているのである。

資料１

ご挨拶

紅葉の美しい秋の真中で、市長、町長の皆様におかれましては多忙な公務の日々をお過ごしのことと存じます。心より敬意を表します。

さて、放射性廃棄物処分場の問題では市長、町長の皆様をはじめ、市民、町民の皆様から「反対署名やカンパ」など積極的で熱心な支援をいただいております。塩谷町民一人一人が口々に「有難い、有難い、うれしい」と申しております。本当に有難うございます。改めて、すべての町民を代表して心より感謝申し上げます。

既に、市長、町長の皆様はご存じの通り、放射性物質に対してはＩＡＥＡの国際基準がございます。私から申し上げることでもないことですが、「封じ込め、拡散させない」がその原則です。

原発を保有する先進国では、IAEA の原則を遵守しながら、廃棄物の処理が行われています。フランスでも、ドイツでも、低線量放射性物質の保管場は、一国一か所です。しかも地下 300 m以上で水漏れのしない場所です。あの広大な国土を有しているアメリカでも、国内で処分場を作るかどうかを慎重に検討中です。いま、核物質の最終処分場を建設しているのはフィンランドだけです。設置場所は首都ヘルシンキから北西へ 250㎞離れたバルト海のオルキルオト島です。その島にある原発の近く、地下 490 mまで掘った「オンカロ（＝“洞窟”の意味）」です。以上で明らかなように、全ての国が放射性物質の処分にあたっては国際原則を遵守しているのです。

なぜか、人類の中でも、広島、長崎、福島原発事故によって核の恐ろしさを最も体験している日本だけが、放射性物質を拡散しようとしているのです。不思議です。

かつて、群馬県選出の福田赳夫総理大臣が「人間の命は地球よりも重たい」といって、日航機をハイジャックした日本赤軍のメンバーを、射殺や逮捕することなく開放したことがありました。その群馬県では、知事、市町村長はもとより、県民が一丸となって県内処分場の建設の拒否を表明しています。人間の生命と健康を重んずる群馬県の伝統、面目躍如たるものがあります。

バッハホールのある、音楽好きで文化力の高い宮城の加美町の人々は、道路に身を投げ出して処分場を阻止しようとしています。その姿こそは最も人間らしい姿です。なぜなら、子供たちの未来、そこに棲む人間の未来を守るのが、今生きている人間の歴史的な使命だからです。自らを犠牲にしても子供の未来を守り、地球の人々の未来を守る、それこそが人間が人間であることの尊厳です。それを宮城県の全市町村長が全面的に支援し、国と県に対して政策の見直しを求めていることに、万感の共感と賛意と敬意を表します。茨城、千葉の県民も同じ気持ちであることを信じて疑っていません。いわんや栃木県民がそれらの人々に遅れをとるなどあってはならないし、遅れることはないと確信しております。

塩谷町民は、国際原則を遵守し一人の人間の命が地球よりも重たいという人間の原則を踏まえて、処分場の問題に対処していく覚悟です。しかし、率直に申し上げて、私は町長として、責任の重さに耐えられるかどうか心痛の日々でした。そのとき多くの町民から、処分場に反対する町長の断固たる決意を求められました。私自身も町民の叱責に共感する日々でした。その結果として、断固たる決意を固めるに至りました。したがって本問題に、断固たる決意で対処する所存です。

いままでも市長、町長の皆様、市民、町民の皆様には、多大なご協力をいただきました。心より感謝申し上げますと共に、私どもの町民の想いをご理解いただいて再度ご協力をいただけますよう、衷心よりお願い申し上げる次第です。

私たちの処分場に対する認識と方針は、別紙「塩谷町が求めるもの」をご参照いただけますようお願い申し上げます。

平成 26 年 11 月

塩谷町町長　見形和久

資料 2

意思表明書

去る 1 月 16 日（金）の小里環境副大臣の来町の際のご提案に対する見形町長の面積確認への同意発言に関して、1 月 19 日（月）に町長が環境省に出向き、町民の強い意見を受けて発言撤回を出しましたが、塩谷町民指定廃棄物最終処分場反対同盟会としても、環境省の現地立ち入りそのものを認めないという町民の意思をお伝えします。

そもそも、今回の町長の発言は、面積が選定の必要条件である 2.8 ヘクタールを満たしていないので、環境省にこの事実を認めてもらえば、選定自体が無効になると考えて同意したのでありますが、残念ながら我々同盟会は町長ほど環境省を信頼しておりません。これは環境省が過去に行ってきた、常識を持つ一般人では考えられない数々の都合の良い解釈の例を見れば当然の判断であり、環境省は必要面積の条件を満たさないと分かっていても候補地選定を撤回することはないと考えており、我々は環境省の面積確認を到底受け入れることはできません。

今回の質問書の町への回答を見ると、詳細調査を実施さえすれば、どんなに不適な条件があっても建設可能にしてしまうという、驚きの内容が記され、我々町民は不安を感じております。

そのことを踏まえて町長に発言を撤回していただいているのに、町職員の立会いなしで我々の一番恐れる詳細調査の一部とされかねない面積確認を環境省単独で都合よく解釈されている事実が、その不安が現実であることを示しています。

これらの不安、疑念が完全に払拭されない限り、同盟会としては環境省の現地への立ち入りを認めることはできません。

この意思表明は町民の総意と言っても過言ではなく、私たちの意向を十分に尊重していただき信頼回復に努めていただきたいと思います。

平成 27 年 1 月 22 日

塩谷町民指定廃棄物最終処分場反対同盟会

会長　　和気　進

注

1　経緯は、『民営化という労働破壊――現場で何が起きているか』(藤田 2006) に詳しい。

2　東日本大震災の原発事故で、ＪＡ厚生病院は双葉郡の医療から手を引くことになり、県立病院の統廃合も白紙撤回となった。

3　楢葉町は役場機能ごと、いわき市に避難し、その後は会津美里町に避難した。住民の多くもいわき市か会津美里町で避難生活を送った。私は病気の家族を抱えていたため、避難所生活は難しいと思い、町と別れて独自に避難生活を送ることにした。

4　地域における放射線量が政府による避難に係る指示が行われるべき基準を下回っているが一定の基準以上である地域。

5　「2013 年の推計人口」(矢板市ＨＰ、http://www.city.yaita.tochigi.jp/uploaded/life/510_21086_misc.pdf、最終閲覧日：2015 年 5 月 11 日) による。

6　「『シャープ株式会社栃木工場縮小に伴う特別相談窓口』の設置 (掲載日：2013 年 3 月 18 日更新」(矢板市ＨＰ、http://www.city.yaita.tochigi.jp/soshiki/syoukou/sharptokubetsusoudanmadoguchi.html、最終閲覧日：2015 年 5 月 11 日)。

7　矢板市民同盟の活動状況の詳細は、矢板市民同盟ＨＰ (http://yaita-doumeikai.net/index.html、最終閲覧日：2015 年 5 月 11 日) を参照のこと。

8　2014 年 12 月現在。「人口の動き」(塩谷町ＨＰ、http://www.town.shioya.tochigi.jp/forms/info.aspx?info_id=9056、最終閲覧日：2015 年 5 月 11 日)。

参考文献

藤田和恵 2006『民営化という名前の労働破壊――現場で何が起きているか』大月書店。

おわりに――被災・避難の社会学を構想すること

関 礼子

とある研究会のブレイクタイム。「社会学者は社会問題のあるところに行き、民俗学者は社会問題のないところに行く」と評した人がいた。言い得て妙である。

わたしは社会学者であるが、期せずして、社会問題のピークが過ぎ、人びとの関心が薄れてしまったフィールドを訪れることが多かった。

社会問題がピークにあるとき、その中心には人を惹きつける語り手がいて、入れ替わり立ち替わり話を聞きに行く。だが、ピークを過ぎた社会問題の「その後」は見えにくい。問題はどうなったのか、渦中の人びとはどのような日常のなかにあるのか。全体像が見えないまま関心が遠ざかり、過去の問題として当事者だけが置き去りにされていく。そこに再度、光をあてるのが私の仕事だと考えてきた。「その時代、時代の人びとの関心からこぼれ落ちたもの、メディアが凄(ママ)じい勢いで刈りとっていった後に残されたもの。それらを落穂拾いのようにして拾い集めて歩く仕事が、たぶん、もっと丁寧にされなければならない」(久田 1995：573)という言葉に励まされた。

ところが、福島原発事故が起こった。他人事でなかった。はじめに、何年か通っていた奥会津の檜枝岐村の風景が頭に浮かんだ。檜枝岐村には、冬は北風でなく南風が吹くと聞いていたから、檜枝岐村には放射能雲は行かないと思った。事実、檜枝岐村はまったくといっていいほど汚染がなかった。

福島原発事故が起こったあと、わたしは一呼吸おいて、福島県立博物館の佐治靖さんに、お見舞いの電話をした。佐治さんとは、沖縄本島の平安座島(現在うるま市)で一緒にフィールド調査して以来の友人だ。郡山のご自宅が被災して住めなくなり、ご実家がある会津美里町には楢葉町が避難してきたという。「この非常時に社会学者が役にたたないとしたら社会学は無益だ」と何度も背中を押された。社会学はリアルタイムで役にたつ学問ではないかもしれないが、役にたつ時に役だちたいと、福島原発事故の調査に着手したのが2011年5月である。その頃に書いた文章がある。

> 尾瀬の福島県側の玄関口に檜枝岐村はある。この村の民俗調査を始めてから、いつも私は尾瀬の向こうに、新潟水俣病調査で通い続けた阿賀野川流域の人々を思い出していた。尾瀬沼は阿賀野川の源流のひとつであるし、かつて阿賀野川上流の東蒲原郡は会津領だった。
>
> 今回の福島第一原発事故では、ガソリンに余裕のあった人々が、浜通りから中通り、そして会津を抜けて新潟県へと辿りついた。福島の県外避難者を最も多く受け入れた新潟県だったが、それは、地理的・歴史的にみれば必然だったかもしれない。
>
> 郡山で被災し、会津にある実家に一時的に避難した研究者仲間は、「何かあったら磐越道を走り、越後山地を越えて新潟へ」、と考えていたという。不測の事態が生じたときに、新潟県が不安を軽減する救いの土地になっていたのだ。
>
> 水素爆発から一カ月後の四月某日。私は新潟水俣病患者さんの「お花見」の会に顔を出し、その足で檜枝岐村に調査に出向いた。がらがらのバスの中に、私以外の乗客が二人。「福島ナンバーの車だと石を投げられるってよ」、「買い物も嫌がられるらしい」と噂話をしていた。
>
> この頃、福島から首都圏に避難した小学生が、「放射能がうつる」といじめられ、家族で避難所を移ることになったと報じられていた。
>
> 話題がそこに及ぶと、乗客は「避難したって地獄だね」と言った。自分たちが県外に出た場合に被るだろう痛みを、妙にさばさばと語る口調が耳に残っている。いじめの顛末は、誰にとっても不幸でしかない。
>
> 同じ四月。残念なことに、新潟県内でも、避難してきた小学生へのいじめがあった。全県的に新潟水俣病に学ぶ授業を展開して人権感覚を高めようと、「新潟水俣病教師用資料集」が作成され、これから実践という矢先の出来事だった。
>
> 人権感覚とは、「他者の痛みへの想像力」である。子供が大人の姿を映す鏡だとしたら、義務教育の場を離れたところでも、その感覚は養われていかなくてはならない。突き付けられた課題は大きい。
>
> 避難という「非日常」が「日常」になりつつある現在、避難者は擦り切れそうな毎日を過ごしていることだろう。地震で壊れた瓦屋根の「ぐし」にビニールシートをかける暇なく避難した人々は、この梅雨空を恨めしげに見上げているしかない。

私は、これまで行ってきた新潟水俣病や檜枝岐村の調査のその先に、福島原発事故を位置付けながら、調査研究をはじめたのだった。

本書の執筆者も、それぞれが3.11前の研究活動やそこでの関係性から、3.11後の世界をまなざしてきた。中須正さんは、インド洋大津波をはじめ自然災害の被害を拡大していく社会的要因を探ってきた。黒田暁さんは、宮城県北上町（現在、石巻市）でヨシ原の調査を行ってきたことから、震災後は高台移転の合意形成に携わった。福島県三春町出身の佐久間淳子さんの父・寛さんは、チェルノブイリ事故後に放射線を監視するR-DAN（Radiation-Disaster Alert Net）の活動に携わってきたこともあり、もちろん原発事故について高い関心を示していた。新潟の巻原発の住民投票について研究してきた渡邊登さんは、福島原発事故後に新潟に避難してきた方々へのヒアリングを行ってきた。自身が楢葉町からの強制避難者であった森田省一さんは、避難先で子供たちを放射線から守る運動に加わった。

大規模複合災害は、ナオミ・クラインが「ショック・ドクトリン」と呼んだ、惨事便乗型資本主義を引き連れてきた（Klein 2007=2011）。本書の執筆者が向き合っている被災・避難の現状は、被災前の人びとの道理や生き様を軸にして、"復興" が抱える問題点を照射する。本書の基底にあるのは、制度や政策の合理性からではなく、被災・避難の当事者の視点から制度や政策の「当たり前」（田中2009）を模索していくこと、「制度の時間」ではなく「生活の時間」を軸に、オルタナティブな "復興" や "再生" の可能性を考察することであった。本書が、現在進行形の "復興" と "再生" への違和感に向き合う議論に寄与することを願ってやまない。

なお、本書は、日本学術振興会の科学研究費補助金の以下の調査成果を含んでいる。(1)基盤研究(B)24330161「大規模複合災害における自治体・コミュニティの減災機能に関する社会学的研究」（代表・関礼子）、(2) 基盤研究 (C) 16K04108「災害経験と被害の社会的承認――環境社会学の視点から」（代表・関礼子）、(3) 基盤研究 (A) 24243054「多元的な価値の中の環境ガバナンス――自然資源管理と再生可能エネルギーを焦点に」（代表・宮内泰介）。

最後に、本書は、東信堂の下田勝司さんから出版を呼びかけなくしては、まとまらなかった。粘り強く原稿をお待ちいただいた下田さんに心から感謝申し上げたい。

参考文献

田中求 2009「自然を基盤とする暮らしの『当たり前』」関礼子・中澤秀雄・丸山康司・田中求『環境の社会学』有斐閣。

久田恵 1995「解説――忘れていたことを思い出す」宮本常一・山本周五郎・楫西光速・山代巴監修『日本残酷物語 2 －忘れられた土地』平凡社。

Klein, Naomi, 2007, The Shock Doctrine: The Rise of Disaster Capitalism, Metropolitan Books.（＝ 2011 幾島幸子・村上由見子訳『ショック・ドクトリン――惨事便乗型資本主義の正体を暴く（上・下）』岩波書店。）

索引

事項索引

アルファベット

ア行

カ行

ナ行

ハ行

マ行

ヤ行

ラ行

人名索引

アルファベット

ア行

カ行

サ行

タ行

ナ行

ハ行

マ行

ヤ行

ワ行

執筆者紹介

黒田 暁（くろだ　さとる）　3章

神奈川県生まれ。長崎大学大学院水産・環境科学総合研究科准教授。博士（文学）。専門は環境社会学、自然の合意形成論、地域資源論。「河川改修をめぐる不合意からの合意形成――札幌市西野川環境整備事業にかかわるコミュニケーションから」（『環境社会学研究』13号、2007年、単著）、『半栽培の環境社会学――これからの人と自然』（昭和堂、2009年、共著）、『震災と地域再生――石巻市北上町に生きる人びと』（法政大学出版局、2016年、共編著）など。

佐久間 淳子（さくま　じゅんこ）　5章

福島県生まれ。週刊誌記者を経てフリーランスライター。立教大学社会学部兼任講師。『報告　日本における［自然の権利］運動』（山洋社、1998年、共編著）、『環境倫理学』（東京大学出版会、2009年、共著）、『"生きる" 時間のパラダイム――被災現地から描く原発事故後の世界』（日本評論社、2015年、共著）など。

中須 正（なかす　ただし）　2章

島根県まれ。タイ国チュラーロンコーン大学人口学研究所専任研究員及び講師。博士（学術）。専門は、防災及び災害研究。Forensic Investigation of the 2011 Great East Japan Earthquake and Tsunami disaster: A case study of Rikuzentakata, Tadashi Nakasu et. al., Disaster Prevention and Management: An International Journal, 26 (3), pp.298-313, 2017など。

渡邊 登（わたなべ　のぼる）　6章

東京都生まれ。新潟大学人文社会・教育科学系教授。社会学修士。専門は都市社会学・地域社会学・社会運動論。『「核」と対峙する地域社会』（リベルタ出版、2017、単著）、『デモクラシー・リフレクション』（リベルタ出版、2005年、共著）、『グローバル支援の人類学――変貌するNGO・市民活動の現場から』（昭和堂、2017年、共著）など。

森田 省一（もりた　しょういち）　8章

福島県生まれ。双葉地区平和フォーラム副議長。原発事故の避難先で那須塩原放射能から子どもを守る会副代表、住宅再建し永住を決めた高萩市の住民組織「農・食・人セーフティーネット」を立ち上げて代表に就任。

編著者紹介

関 礼子（せき　れいこ）　はじめに、1 章、4 章、7 章、おわりに

北海道生まれ。立教大学社会学部教授。博士（社会学）。専門は環境社会学、地域環境論。『新潟水俣病をめぐる制度・表象・地域』（東信堂、2003 年、単著）、『環境の社会学』（有斐閣、2009 年、共著）、『"生きる" 時間のパラダイム――被災現地から描く原発事故後の世界』（日本評論社、2015 年、編著）『戦争社会学――理論・大衆社会・表象文化』（明石書店、2016 年、共編著）など。

被災と避難の社会学　＊定価はカバーに表示してあります

2018 年 2 月 28 日　初版第 1 刷発行　〔検印省略〕

編著者 © 関礼子　発行者 下田勝司　印刷・製本　中央精版印刷

東京都文京区向丘 1-20-6　郵便振替 00110-6-37828　発行所
〒 113-0023　TEL 03-3818-5521（代）　FAX 03-3818-5514　株式会社 東信堂
E-Mail tk203444@fsinet.or.jp　URL http://www.toshindo-pub.com
Published by TOSHINDO PUBLISHING CO.,LTD.
1-20-6, Mukougaoka, Bunkyo-ku, Tokyo, 113-0023, Japan

ISBN978-4-7989-1452-7 C3036　© SEKI Reiko

東信堂

原発災害と地元コミュニティ —福島県川内村奮闘記	鳥越皓之編著	三六〇〇円
東京は世界最悪の災害危険都市 —日本の主要都市の自然災害リスク	水谷武司	二〇〇〇円
故郷喪失と再生への時間 —新潟県への原発避難と支援の社会学	松井克浩	三二〇〇円
被災と避難の社会学	関礼子編著	二三〇〇円
豊田とトヨタ —産業グローバル化先進地域の現在	丹辺宣彦・岡村徹也・山口博史 編著	四六〇〇円
社会階層と集団形成の変容 —集合行為と「物象化」のメカニズム	丹辺宣彦	六五〇〇円
(アーバン・ソーシャル・プランニングを考える・全2巻)		
都市社会計画の思想と展開	橋本和孝・藤田弘夫・吉原直樹 編著	二三〇〇円
世界の都市社会計画 —グローバル時代の都市社会計画	橋本和孝・藤田弘夫・吉原直樹 編著	二三〇〇円
(現代社会学叢書より)		
現代大都市社会論 —分極化する都市?	園部雅久	三八〇〇円
インナーシティのコミュニティ形成 —神戸市真野住民のまちづくり	今野裕昭	五四〇〇円
(地域社会学講座 全3巻)		
地域社会学の視座と方法	似田貝香門 監修	二五〇〇円
グローバリゼーション/ポスト・モダンと地域社会	古城利明 監修	二五〇〇円
地域社会の政策とガバナンス	岩崎信彦・矢澤澄子 監修	二七〇〇円
(シリーズ防災を考える・全6巻)		
防災の社会学〔第二版〕	吉原直樹 編	三八〇〇円
防災の心理学—ほんとうの安心とは何か —防災コミュニティの社会設計へ向けて	仁平義明 編	三二〇〇円
防災の法と仕組み	生田長人 編	三二〇〇円
防災教育の展開	今村文彦 編	三二〇〇円
防災と都市・地域計画	増田聡 編	続刊
防災の歴史と文化	平川新 編	続刊

〒113-0023 東京都文京区向丘 1-20-6 TEL 03-3818-5521 FAX03-3818-5514 振替 00110-6-37828
Email tk203444@fsinet.or.jp URL:http://www.toshindo-pub.com/

※定価：表示価格（本体）＋税